新学習指導要領対応

学校でも、家庭でも
教科書レベルの力がつく！

国語 小学1年生 習熟プリント

学力の基礎をきたえどの子も伸ばす研究会
雨越康子 著
金井敬之・川岸雅詩 編

これなら できた！

清風堂書店

はじめに

本書は、発売以来三十年以上も学校や家庭で支持され、歴史を積み重ねてきました。
それは、「勉強に苦手意識のある子どもを助けたい」という私たちの願いを皆様に感じ取っていただけたからだと思います。
今回の改訂では、より子どもの学習の質を高める特長を追加しました。

変わらない特長

〇通常のステップよりも、さらに細かくスモールステップにする。

〇大事なところは、くり返し練習して習熟できるようにする。

〇教科書レベルの力がどの子にも身につくようにする。

新しい特長

〇読みやすさ、わかりやすさを考えた「太めの手書き風文字」

〇解答は、本文を縮小し、答えのみ赤字で表した「答え合わせがしやすい解答」

〇随所に、子どもの意欲・自己肯定感を伸ばす「ほめる・はげます言葉」

〇学校でコピーする際に便利な「消えるページ番号」

（※本書の「教育目的」や「私的使用の範囲」以外での印刷・複製は、著作権侵害にあたりますのでおやめください。）


小学校の国語科は、学校で使用する教科書によって、進度・内容が変わります。

そこで本書では、前述の特長を生かし、どの子にも力がつく学習ができるように工夫をしました。

まず、「文字学習」「語彙学習」「文法学習」「読解学習」といった幅広い学習内容に対応し、子ども一人一人の目的に合わせた学習を可能にしました。

また、ポイントの押さえ方がわかる構成と、基本に忠実で着実に学力をつけられる問題で、苦手な子でも自分の力で取り組めるようにしています。

文章を「読む力」「書く力」は、どんな時代でも必要とされる力です。

本書が、子どもたちの学力育成と、「わかった！」「できた！」と笑顔になる一助になれば幸いです。

このページで学習する内容を表します。学習した月日、名前を書きましょう。

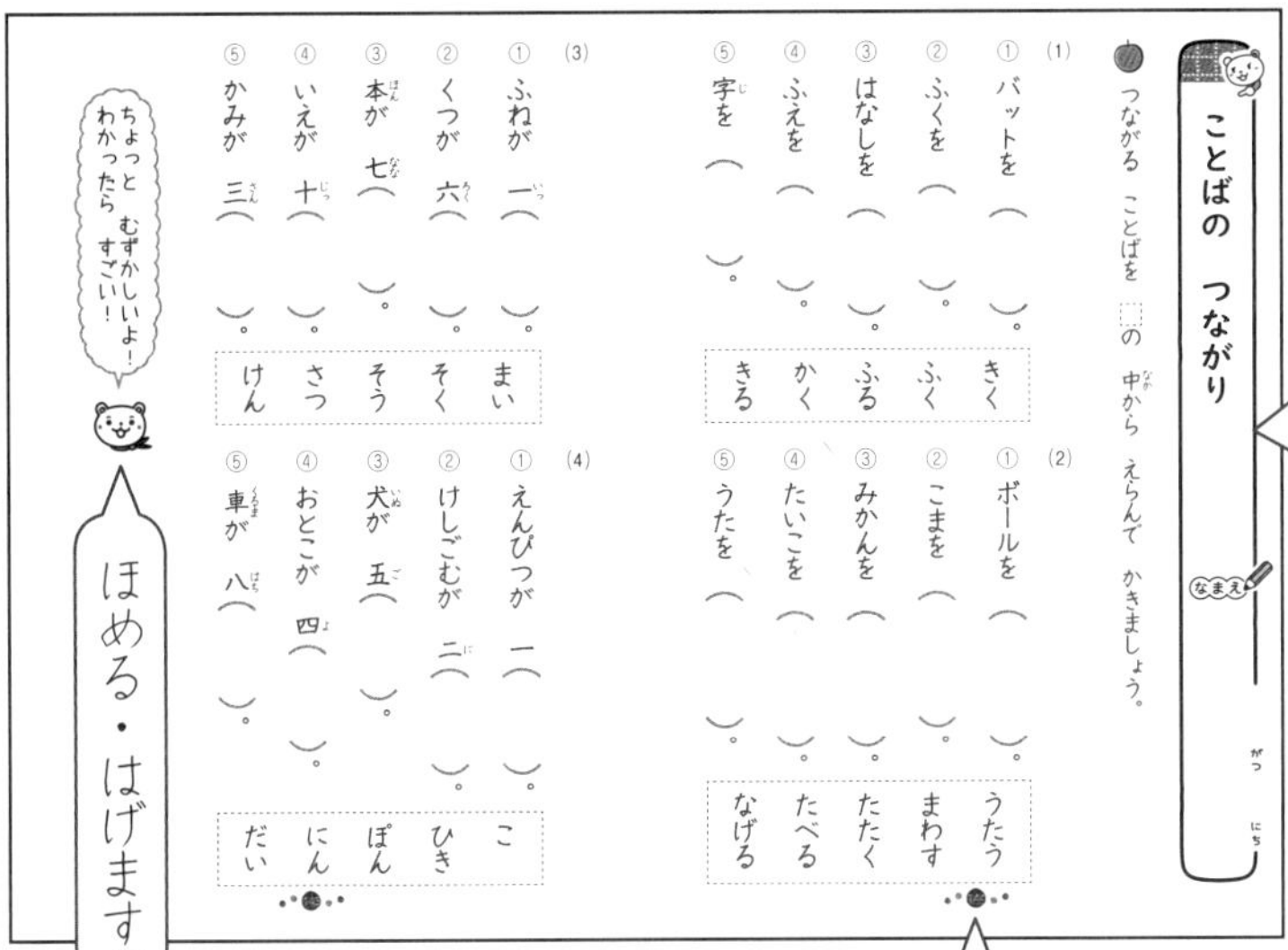

ことばの　つながり

なまえ　がつ　にち

つながる　ことばを　□の　中《なか》から　えらんで　かきましょう。

(1)
① バットを（　　）。
② ふくを（　　）。
③ はなしを（　　）。
④ ふえを（　　）。
⑤ 字《じ》を（　　）。

きく　ふく　ふる　かく　きる

(2)
① ボールを（　　）。
② こまを（　　）。
③ みかんを（　　）。
④ たいこを（　　）。
⑤ うたを（　　）。

うたう　まわす　たたく　たべる　なげる

(3)
① ふねが　一《いっ》（　　）。
② くつが　六《ろく》（　　）。
③ 本《ほん》が　七《なな》（　　）。
④ いえが　十《じっ》（　　）。
⑤ かみが　三《さん》（　　）。

まい　そく　そう　さつ　けん

(4)
① えんぴつが　一（　　）。
② けしごむが　二《に》（　　）。
③ 犬《いぬ》が　五《ご》（　　）。
④ おとこが　四《よ》（　　）。
⑤ 車《くるま》が　八《はっ》（　　）。

こ　ひき　ぼん　にん　だい

ちょっと　むずかしいよ！
わかったら　すごい！

ほめる・はげます言葉

白黒コピーでページ番号が消えます。

解答は、問題が白黒、答えが赤だから、答えが一目でわかる。○つけがカンタン！

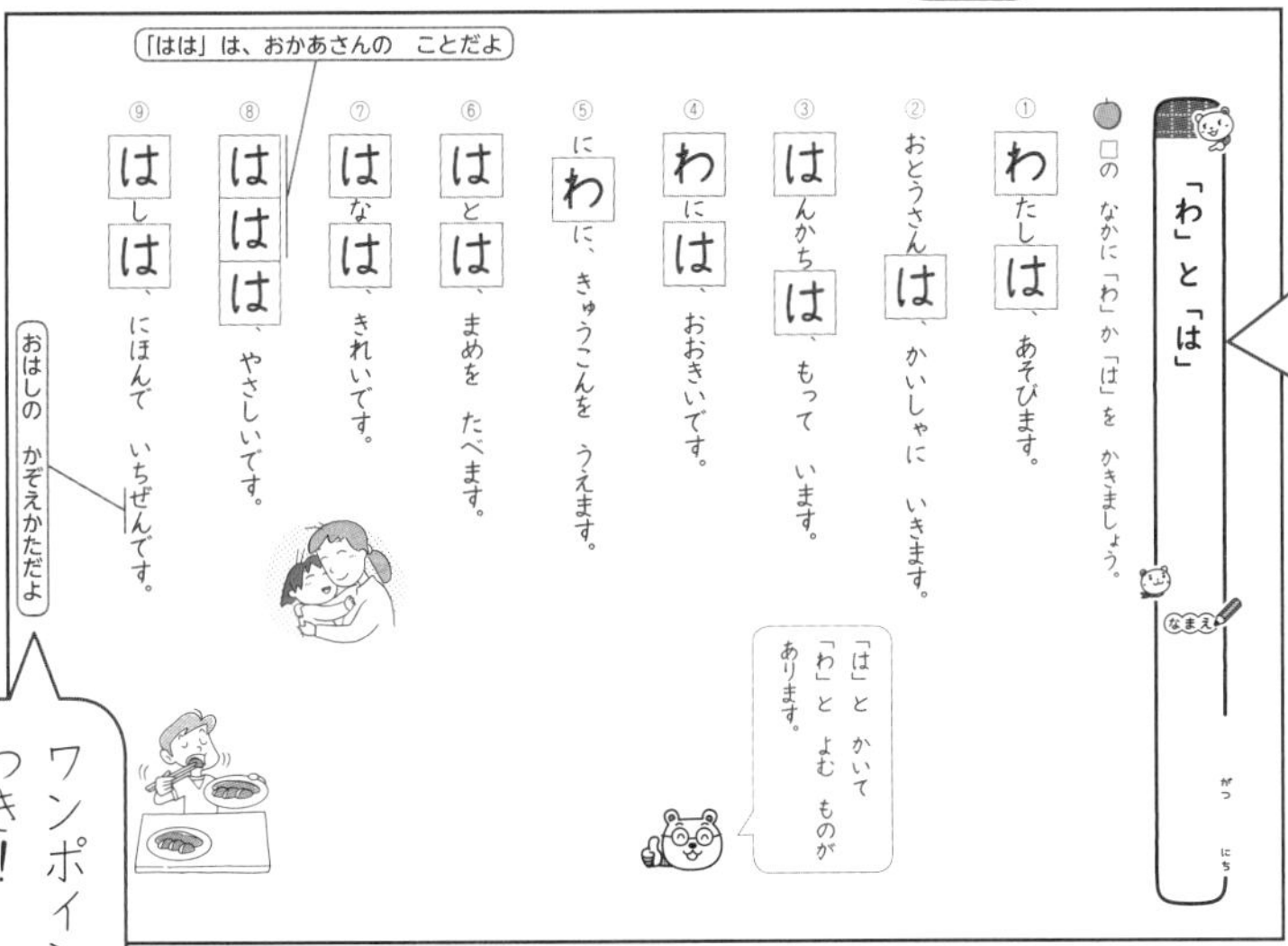

「わ」と「は」

なまえ　がつ　にち

□の　なかに「わ」か「は」を　かきましょう。

① わたしは、あそびます。
② おとうさんは、かいしゃに　いきます。
③ はんかちは、もって　います。
④ わには、おおきいです。
⑤ にわに、きゅうこんを　うえます。
⑥ はとは、まめを　たべます。
⑦ はなは、きれいです。
⑧ ははは、やさしいです。
⑨ はしは、にほんで　いちぜんです。

「は」と　かいて「わ」と　よむ　ものが　あります。
「はは」は、おかあさんの　ことだよ
おはしの　かぞえかただよ

ワンポイントアドバイスつき！

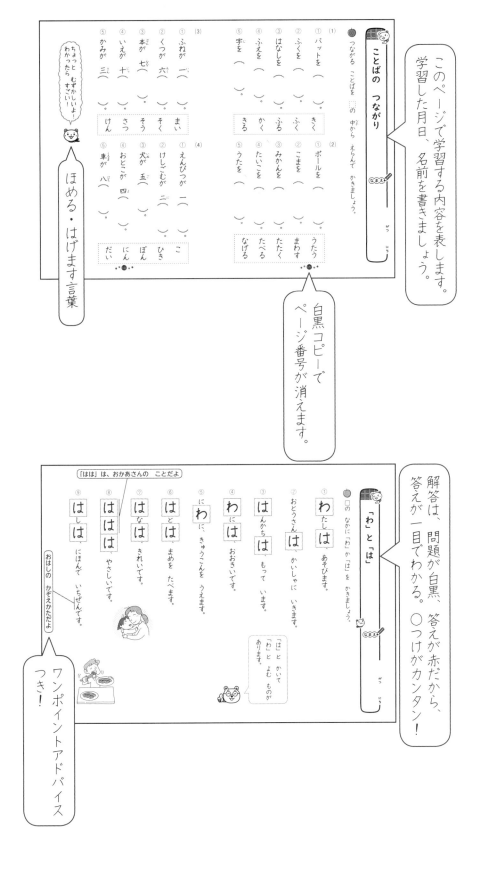

国語習熟プリント一年生　もくじ

ものがたり文

せつめい文

うんぴつ①

なまえ

がつ　にち

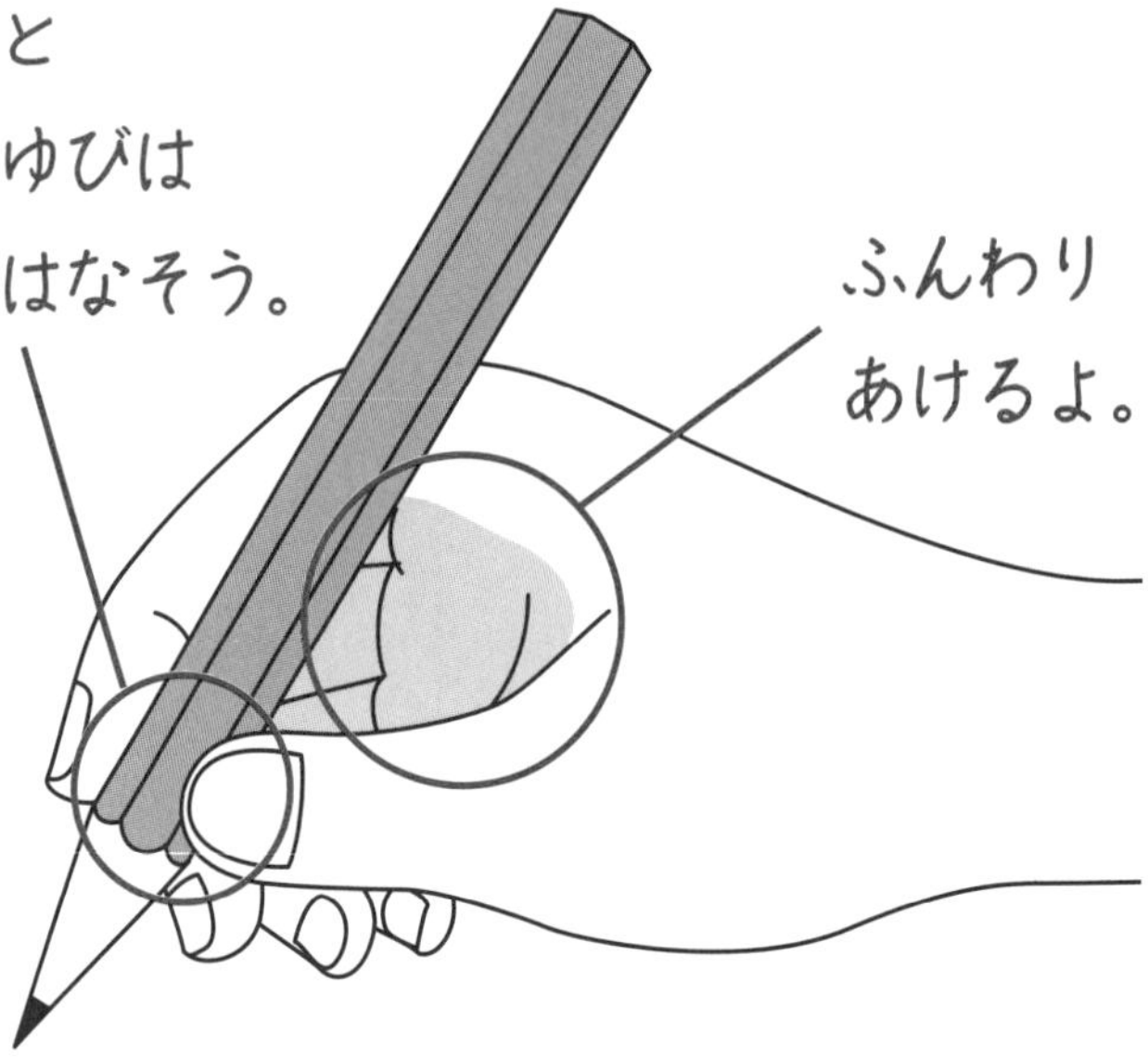
おやゆびと
ひとさしゆびは
すこし　はなそう。
ふんわり
あけるよ。

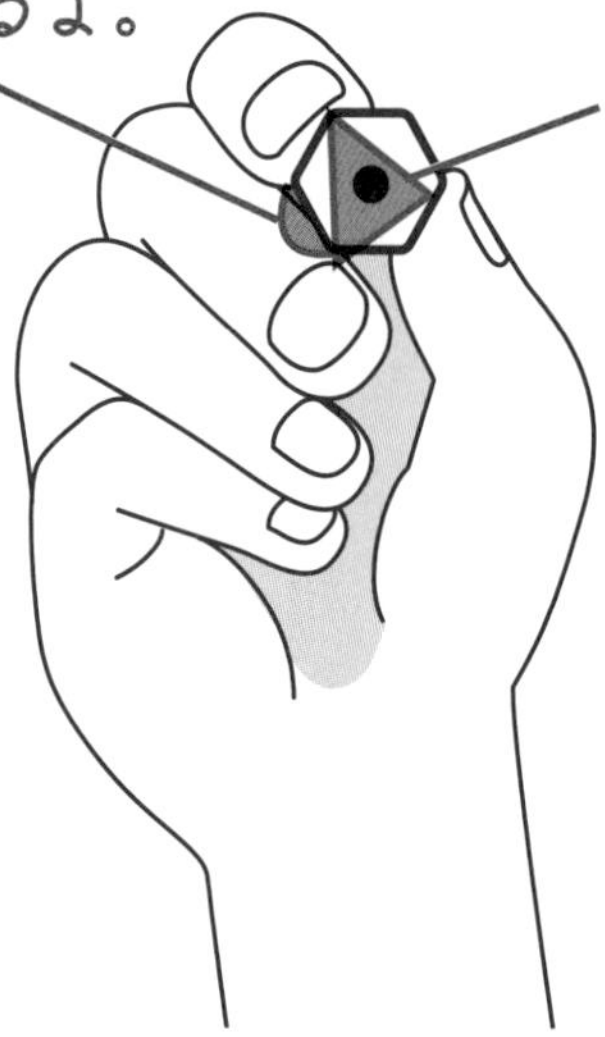
ここで　ささえるよ。
さんかくを
つくろう。

てはらくに　して、
ゆっくり　かこうね！

ぬりまるくん

児童《じどう》かきかた研究所《けんきゅうじょ》

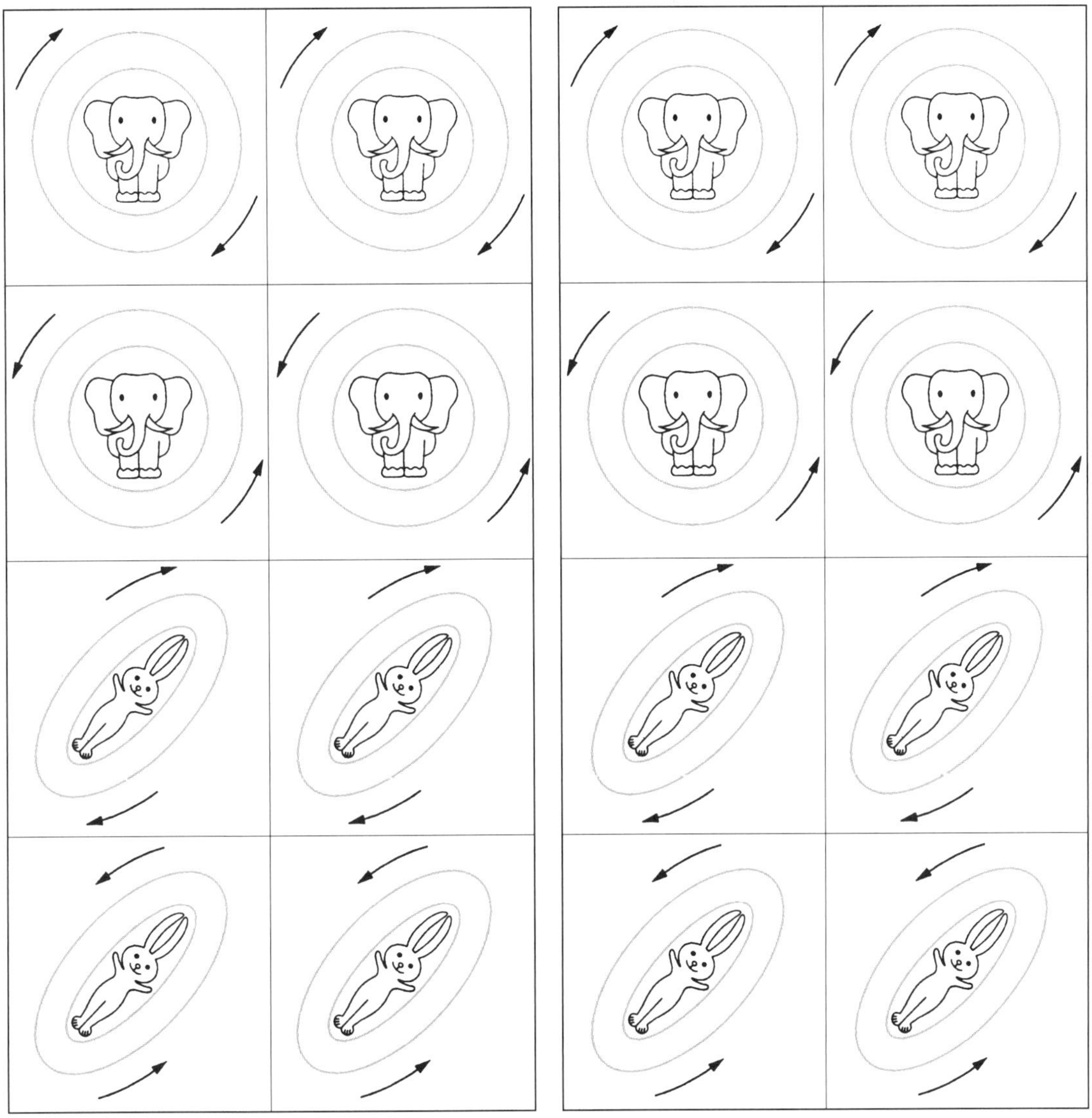

やりかた

① すきな　いろえんぴつを　えらびましょう。
② そとがわの　えんを、やじるしの　ほうこうに　なぞります。
③ うちがわの　えんを、やじるしの　ほうこうに　なぞります。
④ えんと　えんの　あいだを、やじるしの　ほうこうに　たくさん　せんを　ひきます。

うんぴつ ②

なまえ

がつ　にち

ていねいに　なぞりましょう。

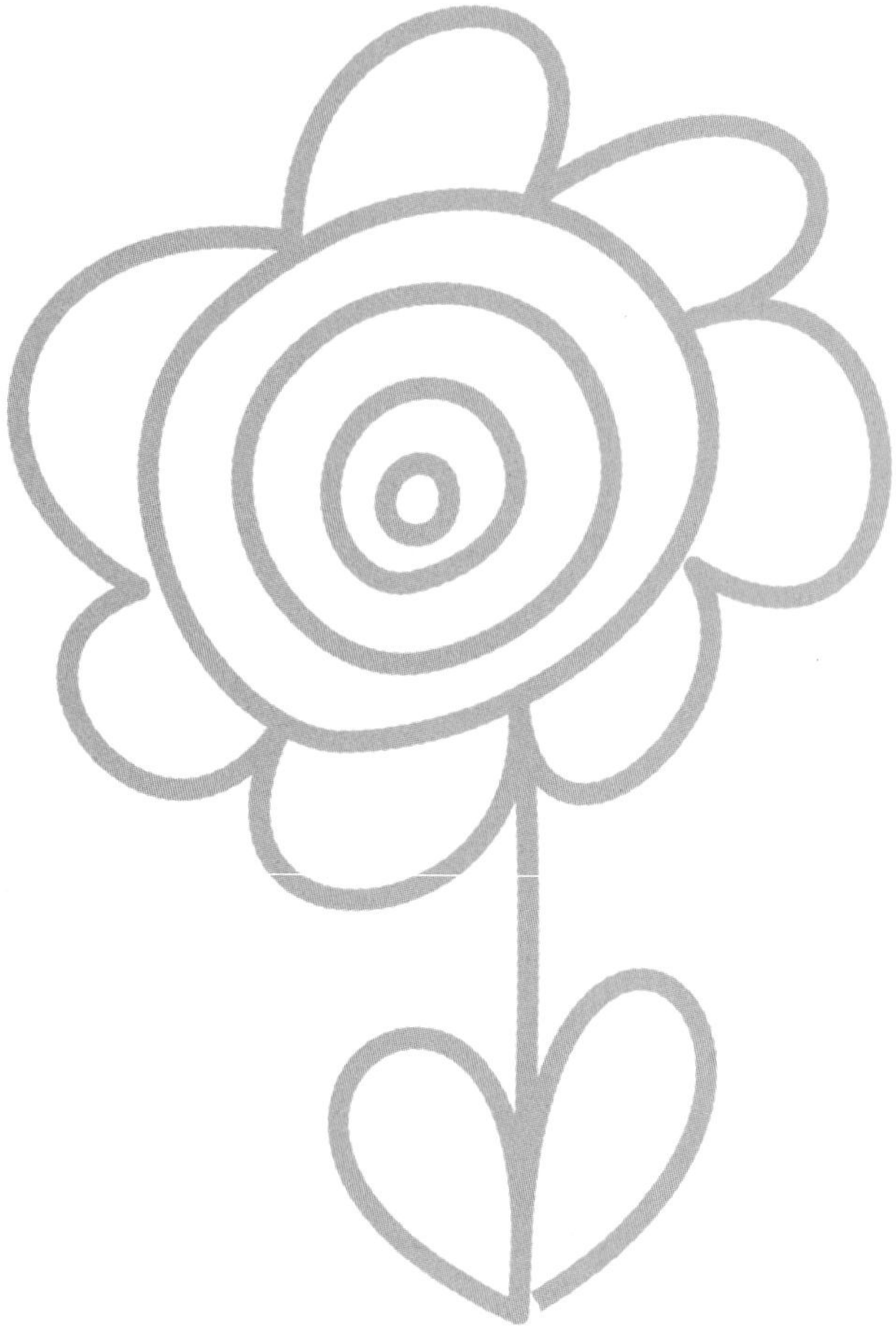

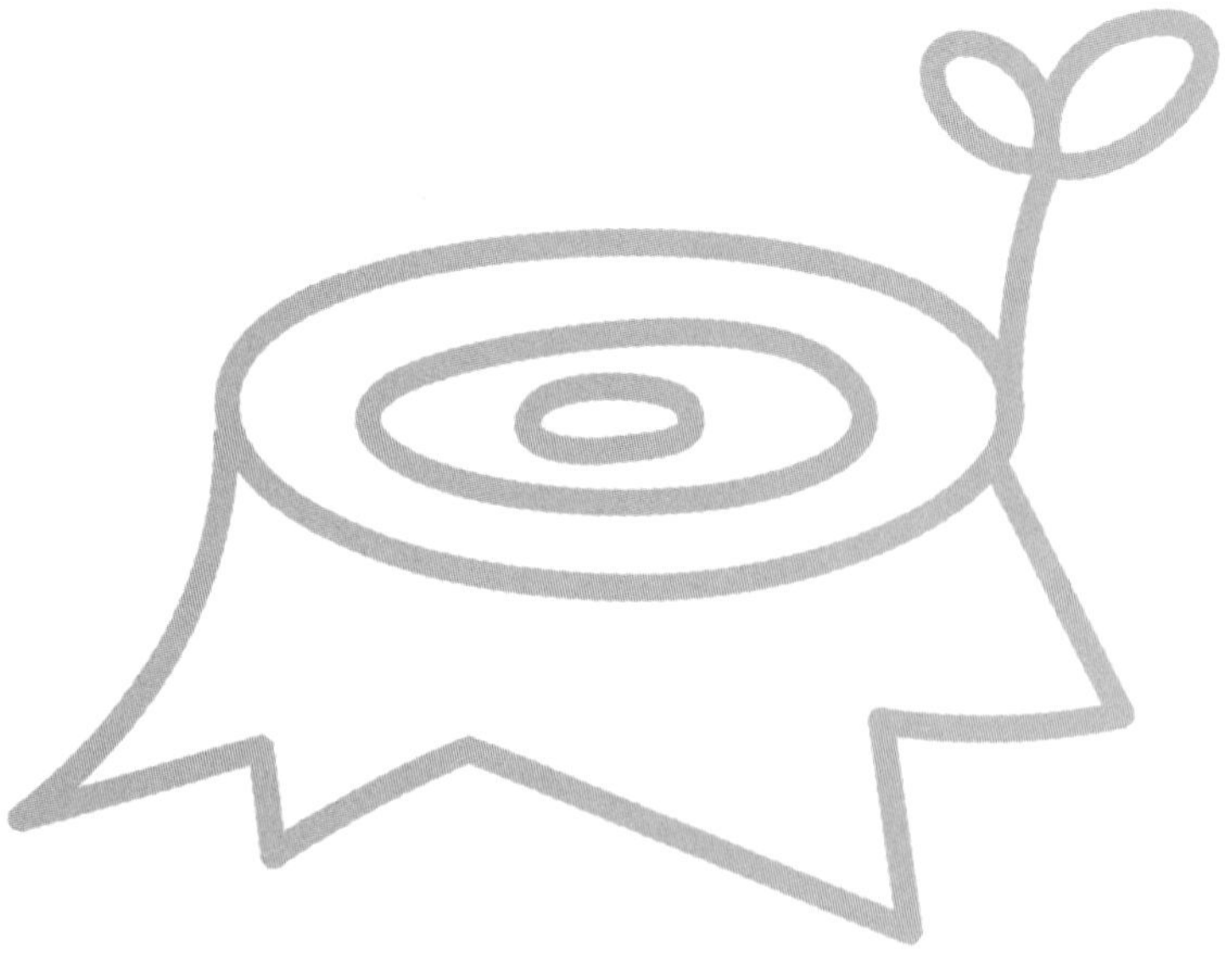

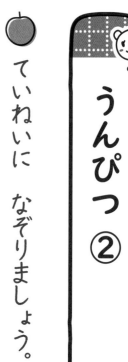

なぞりおわったら、
いろを　ぬって
たのしんでね！

ひらがな①

なまえ

がつ　にち

①ばんごうじゅんに　はみださないように　かきましょう。

1 お	1 え	1 う	1 い	1 あ
2	2	2	2	2
3 お	3 え	3 う	3 い	3 あ
4	4	4	4	4
5 お	5 え	5 う	5 い	5 あ
6	6	6	6	6
7 お	7 え	7 う	7 い	7 あ
8	8	8	8	8
9 お	9 え	9 う	9 い	9 あ
10	10	10	10	10

② ていねいに　なぞりましょう。

あ
あし、あめ、あひる

い
いか、いぬ、いわやま

う
うめ、うちわ、うす

え
えさ、えき、えんそく

お
おんな、おとこ、おの

ひらがな ②

なまえ

がつ　にち

① ばんごうじゅんに　はみださないように　かきましょう。

1 こ	1 け	1 く	1 き	1 か
2	2	2	2	2
3 こ	3 け	3 く	3 き	3 か
4	4	4	4	4
5 こ	5 け	5 く	5 き	5 か
6	6	6	6	6
7 こ	7 け	7 く	7 き	7 か
8	8	8	8	8
9 こ	9 け	9 く	9 き	9 か
10	10	10	10	10

② ていねいに　なぞりましょう。

か　かい、かめ、かもめ

き　きいろ、きん、きつね

く　くるま、くま、くすり

け　けいと、ける、けいこ

こ　こま、こい、こけし

ひらがな③

なまえ

がつ　にち

① ばんごうじゅんに　はみださないように　かきましょう。

1 そ	1 せ	1 す	1 し	1 さ
2	2	2	2	2
3 そ	3 せ	3 す	3 し	3 さ
4	4	4	4	4
5 そ	5 せ	5 す	5 し	5 さ
6	6	6	6	6
7 そ	7 せ	7 す	7 し	7 さ
8	8	8	8	8
9 そ	9 せ	9 す	9 し	9 さ
10	10	10	10	10

② ていねいに　なぞりましょう。

さ
さそり、さとう、さる

し
しせい、しろ、しか

す
すいか、すみれ、すし

せ
せなか、せんろ、せみ

そ
そふ、そらまめ、そり

「そふ」は　おじいさんの　ことだよ。
おばあさんは　「そぼ」と　いうよ。

ひらがな ④

なまえ

がつ　にち

①ばんごうじゅんに　はみださないように　かきましょう。

1	た	ち	つ	て	と
2					
3	た	ち	つ	て	と
4					
5	た	ち	つ	て	と
6					
7	た	ち	つ	て	と
8					
9	た	ち	つ	て	と
10					

② ていねいに　なぞりましょう。

た

たいこ、たこ、たんぼ

ち

ちえ、ちから、ちず

つ

つくし、つくえ、つえ

て

てつ、てんき、てまり

と

とし、とり、とけい

ひらがな ⑤

なまえ

がつ　にち

① ばんごうじゅんに　はみださないように　かきましょう。

1 の	1 ね	1 ぬ	1 に	1 な
2	2	2	2	2
3 の	3 ね	3 ぬ	3 に	3 な
4	4	4	4	4
5 の	5 ね	5 ぬ	5 に	5 な
6	6	6	6	6
7 の	7 ね	7 ぬ	7 に	7 な
8	8	8	8	8
9 の	9 ね	9 ぬ	9 に	9 な
10	10	10	10	10

② ていねいに　なぞりましょう。

な

なつ、なのはな、なし

に

にら、にわとり、にく

ぬ

ぬりえ、ぬの、ぬま

ね

ねこ、ねつ、ねむり

の

のり、のこり、のはら

ひらがな ⑥

なまえ

がつ　にち

① ばんごうじゅんに　はみださないように　かきましょう。

1 ほ	1 へ	1 ふ	1 ひ	1 は
2	2	2	2	2
3 ほ	3 へ	3 ふ	3 ひ	3 は
4	4	4	4	4
5 ほ	5 へ	5 ふ	5 ひ	5 は
6	6	6	6	6
7 ほ	7 へ	7 ふ	7 ひ	7 は
8	8	8	8	8
9 ほ	9 へ	9 ふ	9 ひ	9 は
10	10	10	10	10

② ていねいに　なぞりましょう。

は
はな、はね、はんこ

ひ
ひたい、ひかり、ひる

ふ
ふね、ふみきり、ふゆ

へ
へちま、へそ、へいわ

ほ
ほたる、ほけんしつ

ほかに　どんな　ことばが　あるかな。
さがして　みよう。

ひらがな ⑦

なまえ

がつ　にち

① ばんごうじゅんに　はみださないように　かきましょう。

1 ま	1 み	1 む	1 め	1 も
2	2	2	2	2
3 ま	3 み	3 む	3 め	3 も
4	4	4	4	4
5 ま	5 み	5 む	5 め	5 も
6	6	6	6	6
7 ま	7 み	7 む	7 め	7 も
8	8	8	8	8
9 ま	9 み	9 む	9 め	9 も
10	10	10	10	10

② ていねいに　なぞりましょう。

ま
まくら、　まつり、　まち

み
みかん、　みそ、　みち

む
むね、　むし、　むかし

め
めす、　めいろ、　めろん

も
もり、　もうふ、　もも

ひらがな ⑧

なまえ

がつ　にち

① ばんごうじゅんに　はみださないように　かきましょう。

1 ん	1 を	1 わ	1 よ	1 ゆ	1 や
2	2	2	2	2	2
3 ん	3 を	3 わ	3 よ	3 ゆ	3 や
4	4	4	4	4	4
5 ん	5 を	5 わ	5 よ	5 ゆ	5 や
6	6	6	6	6	6
7 ん	7 を	7 わ	7 よ	7 ゆ	7 や
8	8	8	8	8	8
9 ん	9 を	9 わ	9 よ	9 ゆ	9 や
10	10	10	10	10	10

② ていねいに なぞりましょう。

や

やま、やね、やさい

ゆ

ゆか、ゆき、ゆうやけ

よ

よる、よん、よりみち

わ

わし、わに、わたあめ

ん

ようかん、きん、さん

ひらがな ⑨

なまえ

がつ　にち

① ばんごうじゅんに　はみださないように　かきましょう。

1 ろ	1 れ	1 る	1 り	1 ら
2	2	2	2	2
3 ろ	3 れ	3 る	3 り	3 ら
4	4	4	4	4
5 ろ	5 れ	5 る	5 り	5 ら
6	6	6	6	6
7 ろ	7 れ	7 る	7 り	7 ら
8	8	8	8	8
9 ろ	9 れ	9 る	9 り	9 ら
10	10	10	10	10

② ていねいに　なぞりましょう。

ら
らいおん、らく、らいと

り
りす、りく、りかしつ

る
るびい、るす、るりいろ

れ
れもん、れい、れきし

ろ
ろく、ろうか、ろまん

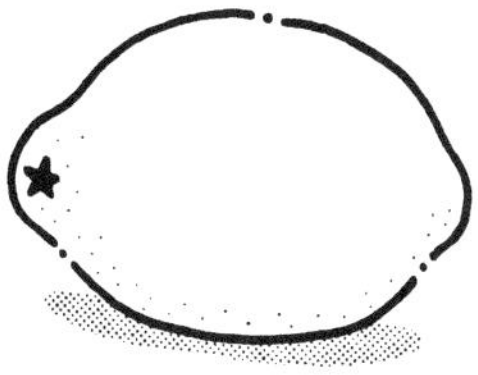

五十おんず

うえの　ひらがなを　したに　かきましょう。

なまえ

がつ　にち

あ、い、う、え、お！

た	さ	か	あ
ち	し	き	い
つ	す	く	う
て	せ	け	え
と	そ	こ	お

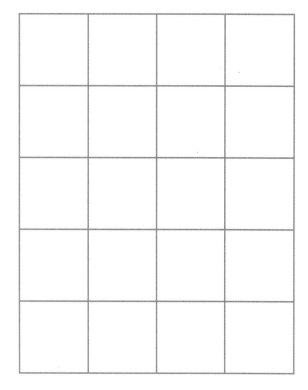

わ	ら	や	ま	は	な
を	り	ゆ	み	ひ	に
ん	る	よ	む	ふ	ぬ
	れ		め	へ	ね
	ろ		も	ほ	の

かけたら、 こえに だして
よんで みましょう。

「゛」「゜」の つく ことば ①

なまえ

がつ　にち

① ばんごうじゅんに　はみださないように　かきましょう。

1 ぱ	1 ば	1 だ	1 ざ	1 が
2	2	2	2	2
3 ぴ	3 び	3 ぢ	3 じ	3 ぎ
4	4	4	4	4
5 ぷ	5 ぶ	5 づ	5 ず	5 ぐ
6	6	6	6	6
7 ぺ	7 べ	7 で	7 ぜ	7 げ
8	8	8	8	8
9 ぽ	9 ぼ	9 ど	9 ぞ	9 ご
10	10	10	10	10

② こえに　だして　よんで　なぞりましょう。

かき

かぎ

さる

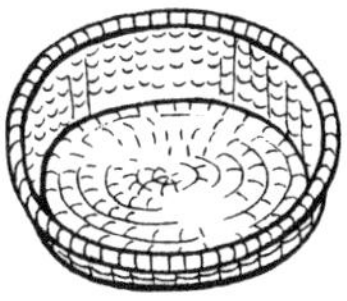
ざる

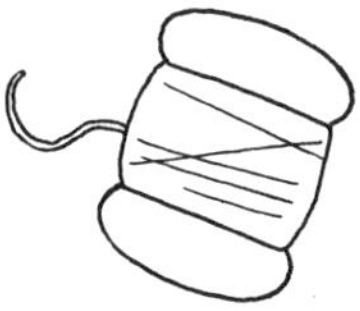
いと

いど

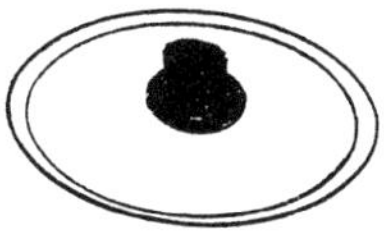
ふた

ぶた

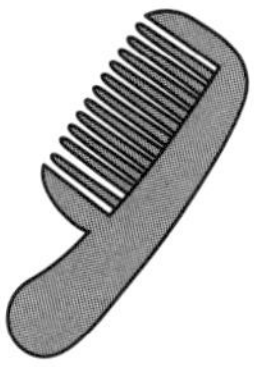
くし

くじ

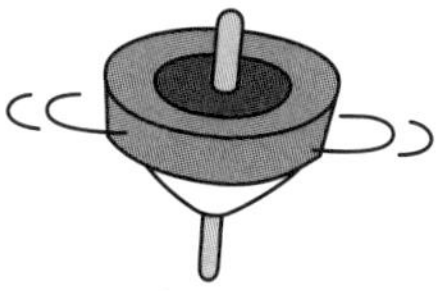
こま

ごま

「゛」「゜」の つく ことば②

なまえ

がつ　にち

えを みて、「゛」「゜」の つく じを いれましょう。

①
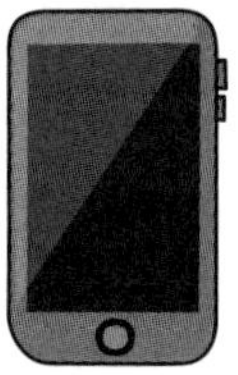
□んわ

②
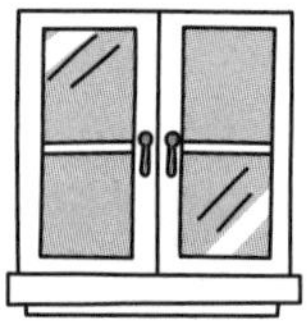
ま□

③
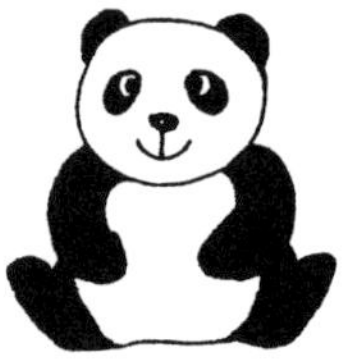
□ん□

④
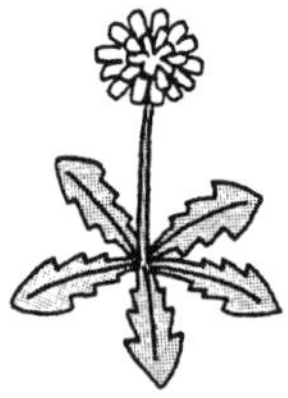
たん□□

⑤
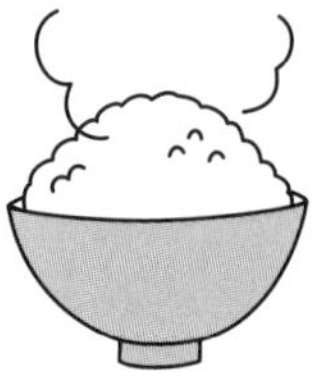
□はん

⑥

な□

⑦
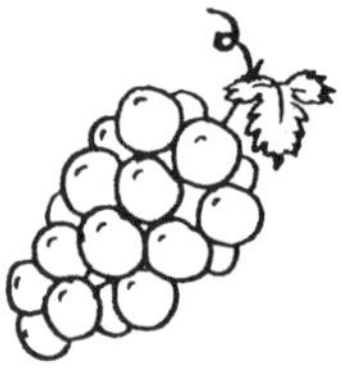
□□う

⑧
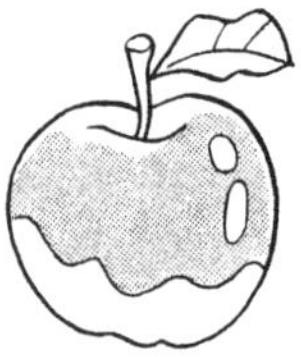
りん□

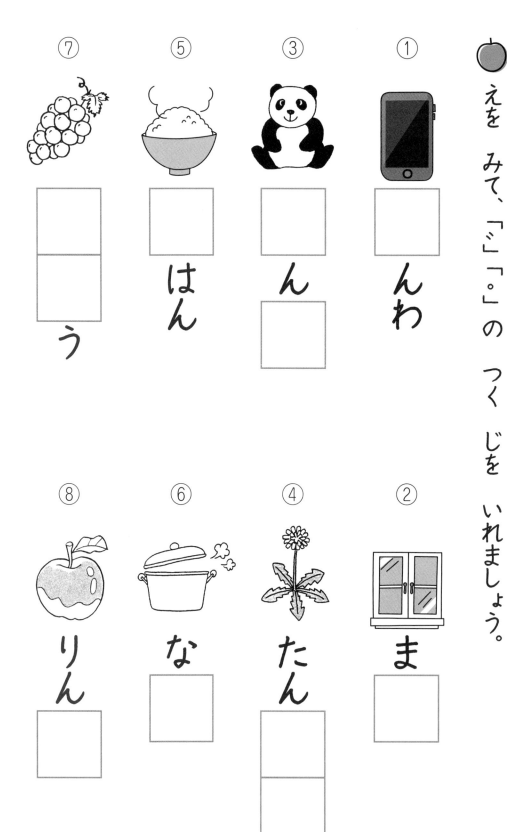

⑨

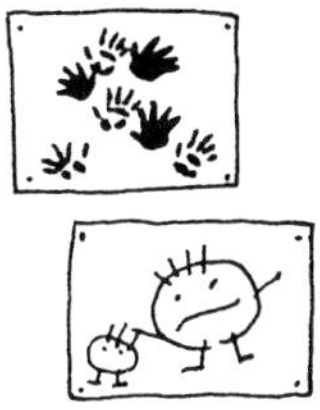

□□こうさく

⑩

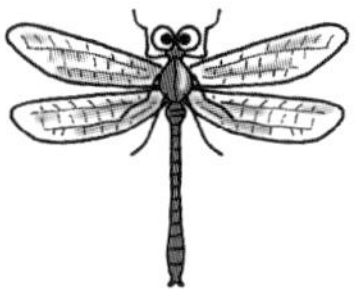

とん□

⑪

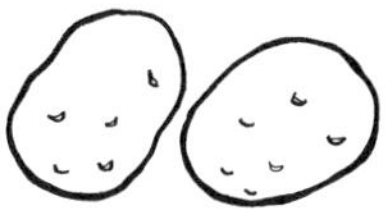

□ゃ□いも

⑫

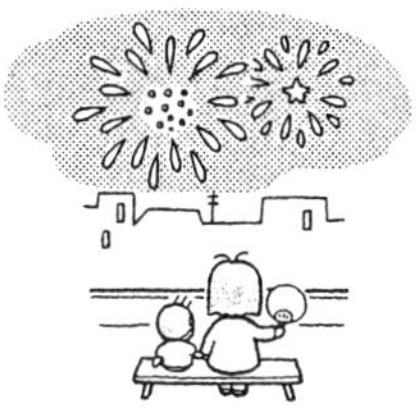

はな□

⑬

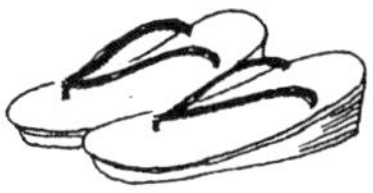

□うり

⑭

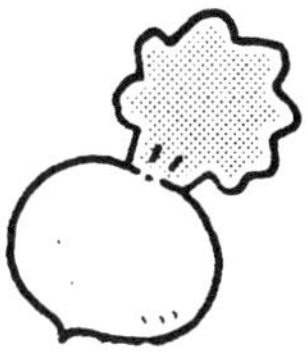

か□

⑮

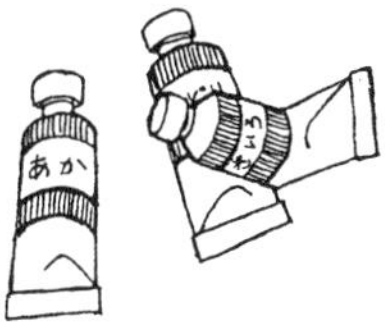

えの□

⑯

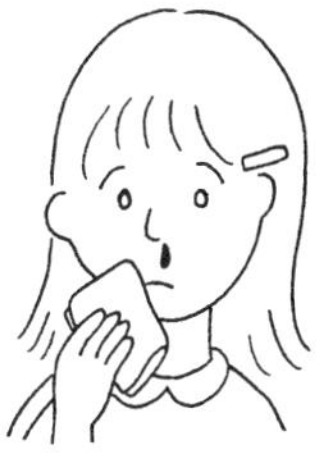

はな□

⑰

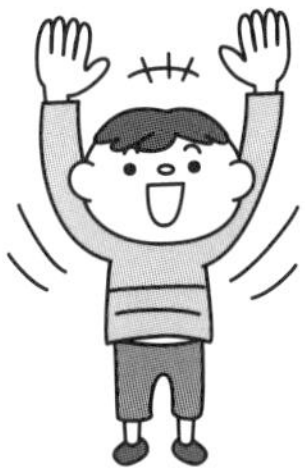

□ん□い

⑱

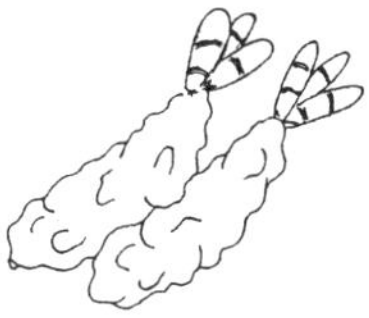

てん□ら

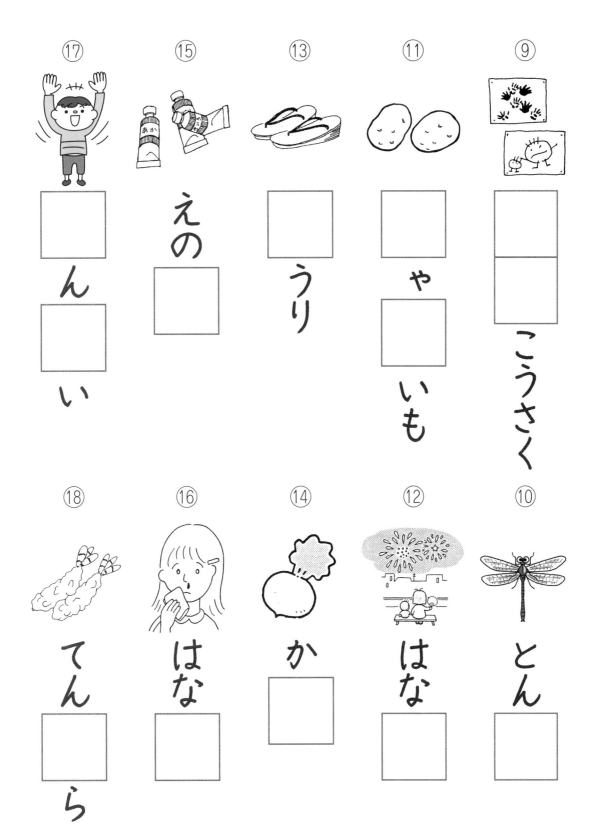

「っ」の　つく　ことば

なまえ

がつ　にち

① こえに　だして　よみ、ていねいに　なぞりましょう。

はらっぱ

そっくす

かけっこ

びっくり

がっこう

ぽけっと

もらった

はしって

ふく。

いる。

② えを みて、□の なかに じを いれましょう。

①

ば□□

②

は□□

③

か□□

④
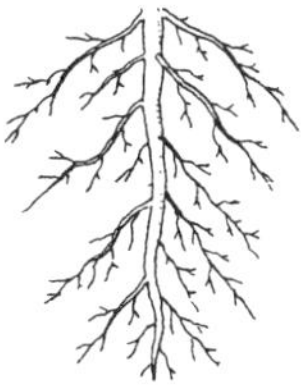
ね□□

⑤
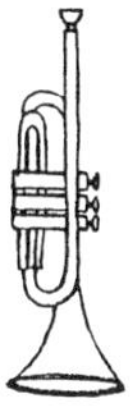
ら□□

⑥

こ□□

⑦

ら□□

⑧

べ□□

⑨

き□□

⑩

か□□

はねる おと

なまえ

がつ　にち

□の なかに「ん」を かいて、なぞりましょう。

お□がく

え□ぴつ

あ□ぱ□

お□どく

し□か□せ□

せ□たくき

ら□どせる

き□ようび

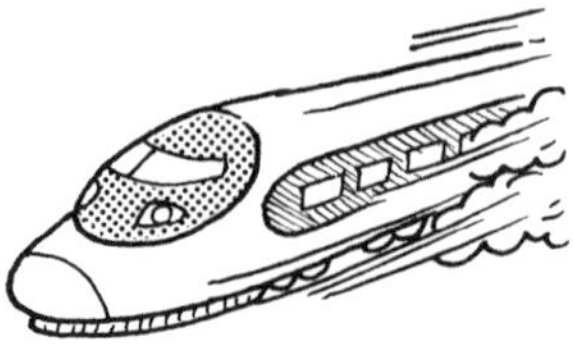

り□ご

かいだ□

そろば□

れ□げ

ぎ□がみ

れ□こ□

ほ□だな

よもぎだ□ご

おめ□

ぶら□こ

ご□ぎつね

ごふ□か□

がんばれ！
がんばれ！

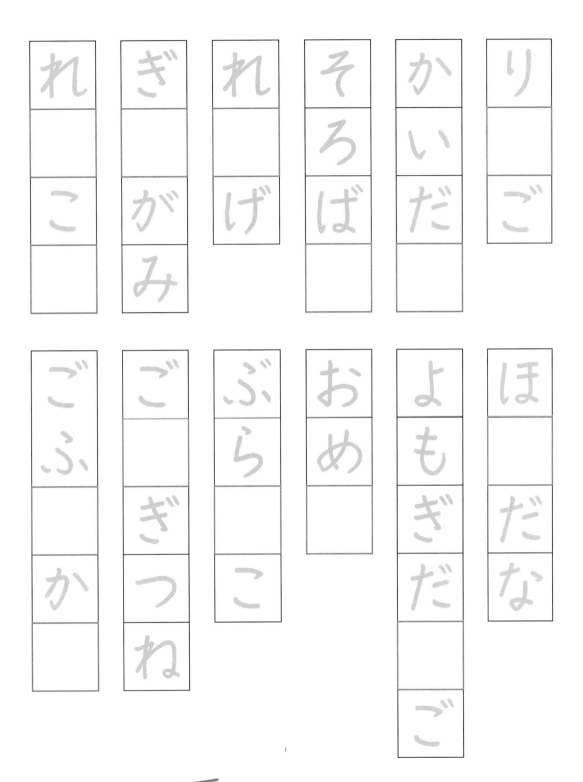

ながい　おと　①

なまえ

がつ　にち

みて　なぞって、したに　かきましょう。

おかあさん
おばあさん
おにいさん
おじいさん
おねえさん
おとうと

いもうと
とおせんぼ
ほうせんか
ほおずき
てつぼう
すいとう
ゆうれい

ほうせんかと　ほおずきは、
しょくぶつずかんに　のって　います。

ながい　おと②

なまえ

がつ　にち

なぞって　うえと　おなじように　かきましょう。
おおきな　こえで　はっきり　よみましょう。

とおくの、
おおきな、
こおりの、
うえを、
おおくの、

おおかみ、
こおろぎ、
おいかけ、
とおずつ、
とおった。

※…お・は　ながい　おとを　あらわす
ためにつけて　います。

ぶんの　いみも　かんがえて　みましょう。

ながい　おと ③

なまえ

がつ　にち

□の　なかに「う」か「お」を　かいて、なぞりましょう。

① ほ□せんか

② がっこ□

③ ほ□づえ

④ お□かみ

⑤ と□せんぼ

⑥ と□く

⑦ と□る

⑧ ど□ろ

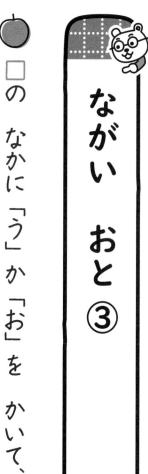

⑨ そ□めん

⑪ こ□ろぎ

⑬ おと□と

⑮ こ□り

⑩ ほ□ずき

⑫ いも□と

⑭ お□あめ

⑯ と□ふ

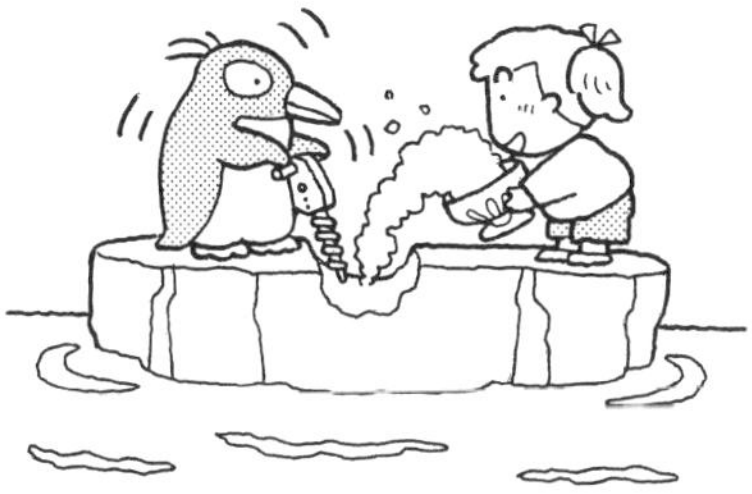

⑤は ⑦を できないように する ことです。

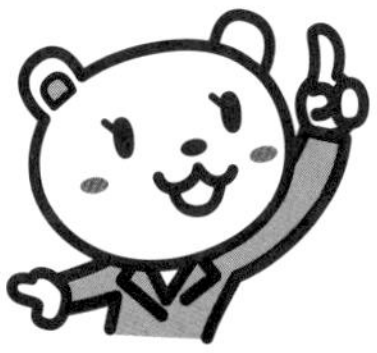

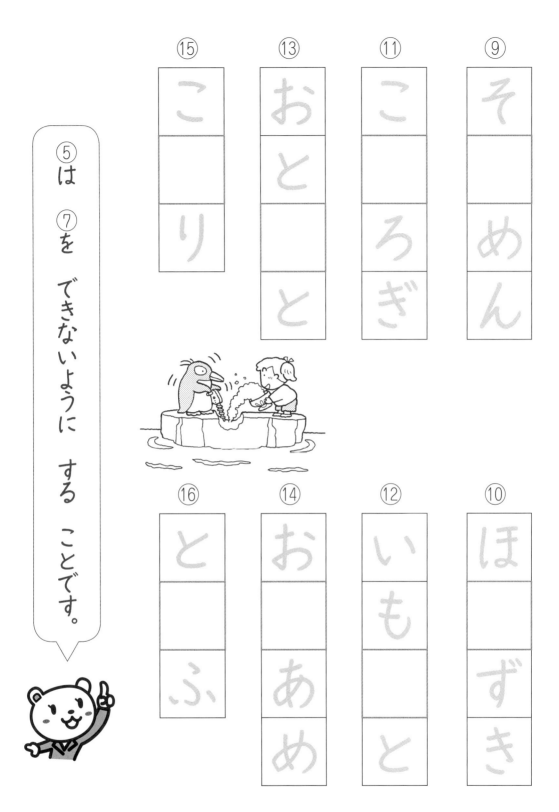

ねじれた　おと①

なまえ

がつ　にち

① おおきな　こえで　はっきり　よみましょう。
みて　なぞって　かきましょう。

きゃ

きょ

しゃ

しょ

きゅ

きょねん

しゅ

しゃしん

すごく　がんばってるね！

2 えを　みて　ひらがなで　ことばを　かきましょう。
ことばを　おおきな　こえで　はっきり　よみましょう。

①

き　う

②

べ　う

③

き

④

し

④は　こまを　うごかして
たたかう　ゲーム《げえむ》です。

ねじれた　おと②

なまえ

がつ　にち

① おおきな　こえで　はっきり　よみましょう。
みて　なぞって　かきましょう。

ちゃ　ちょ　にゃ　にょ

ちゅ　ちょうちん　にゅ　にゅういん

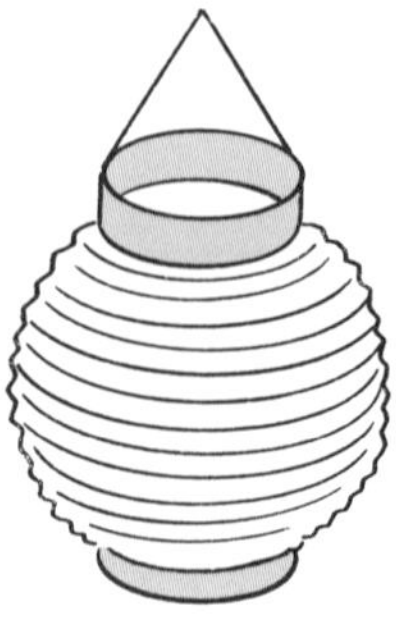

② えを　みて　ひらがなで　ことばを　かきましょう。
ことばを　おおきな　こえで　はっきり　よみましょう。

①

お

②

こ　ん　ち

③

ち

④

に　ぐ　も

くもには　いろんな
しゅるいが　あるって
しってた？

ねじれた おと ③

なまえ

がつ　にち

① おおきな こえで はっきり よみましょう。
みて なぞって かきましょう。

ひゃ
ひゅ

ひょ
ひゃくえん

みゃ
みゅ

みょ
みょうが

おとなの　あじだよ

❷ えを　みて　ひらがなで　ことばを　かきましょう。
ことばを　おおきな　こえで　はっきり　よみましょう。

① 

ひ

② 

ひ　う　ひ　と　かぜが　ふく。

③ 

ひ　たん

④ 

み　くはく

てくびの　うちがわを　さわると　ちが　ながれて　いるのが　わかります。

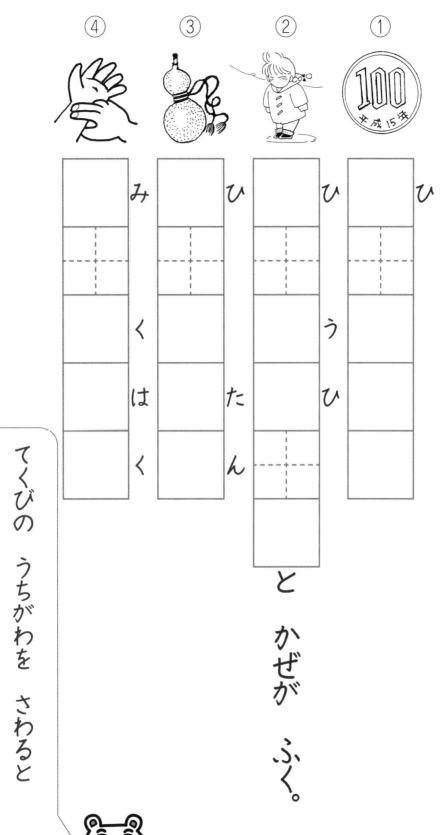

ねじれた　おと④

なまえ

がつ　にち

① おおきな　こえで　はっきり　よみましょう。
みて　なぞって　かきましょう。

りゃ

りょ

ぎゃ

ぎょ

りゅ

りょこう

ぎゅ

ぎゃくてん

❷ えを　みて　ひらがなで　ことばを　かきましょう。
ことばを　おおきな　こえで　はっきり　よみましょう。

①

り

②

き

③

り
て

④

ぎ

③は、みぎてと　ひだりての
ことです。

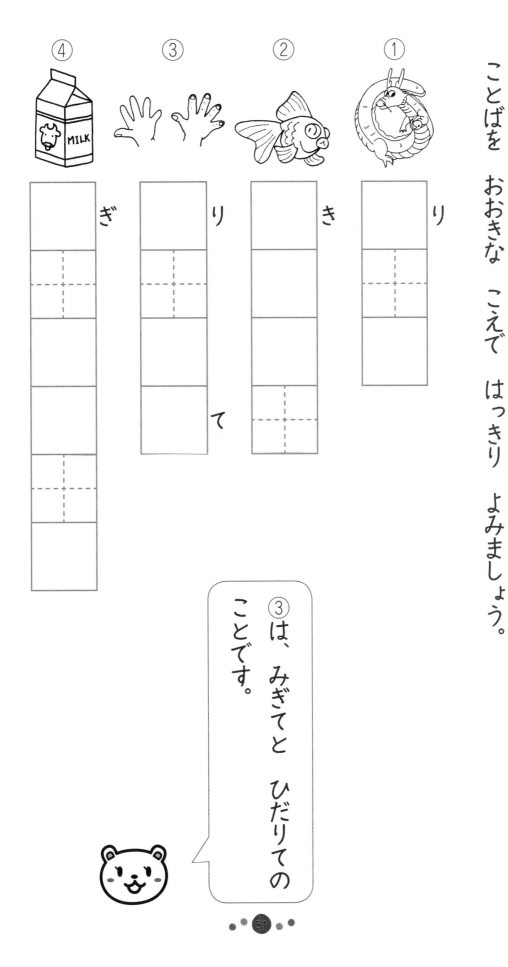

ねじれた　おと ⑤

なまえ

がつ　　にち

① おおきな　こえで　はっきり　よみましょう。
みて　なぞって　かきましょう。

じゃ
じゅ

じょ
じゃがいも

ぢゃ
ぢゅ

ぢょ
きんじょ

❷ えを みて ひらがなで ことばを かきましょう。
ことばを おおきな こえで はっきり よみましょう。

① 

じ

② 

じ

③ 

じ

④ 

ごはん

ぢ

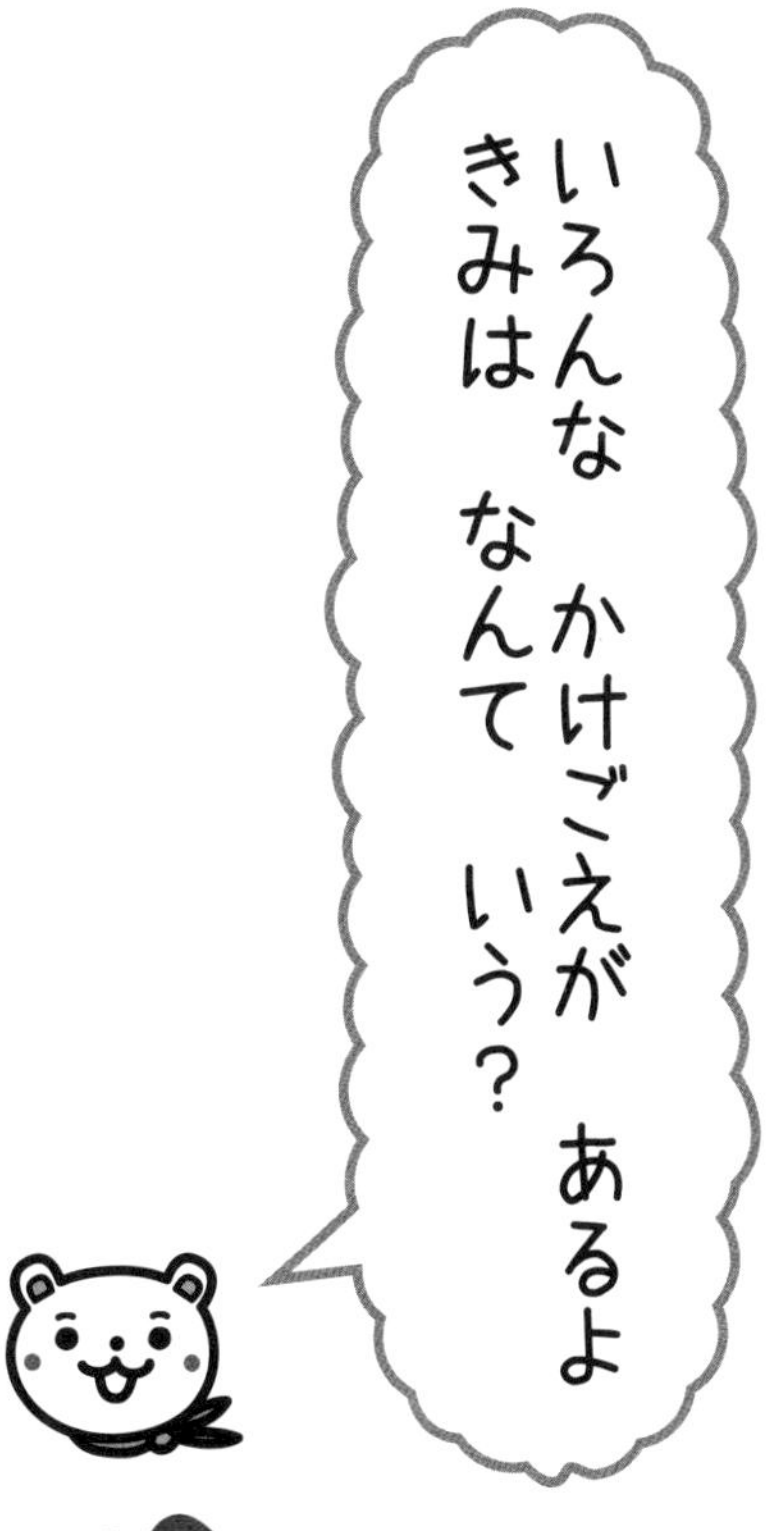
いろんな かけごえが あるよ
きみは なんて いう？

さいしょは、グー！

チッケッタッ！

ねじれた　おと ⑥

なまえ

がつ　にち

① おおきな　こえで　はっきり　よみましょう。
みて　なぞって　かきましょう。

びゃ　びょ　ぴゃ　ぴょ

びゅ　びょういん　ぴゅ　はっぴょう

② えを　みて　ひらがなで　ことばを　かきましょう。
ことばを　おおきな　こえで　はっきり　よみましょう。

①

さん
び
え
ん

ひゃくえんだまが
さんまい

②

び
ぶ

③

はっ
ぴ
え
ん

ひゃくえんだまが
はちまい

④

うさぎが
ぴ

はねる。

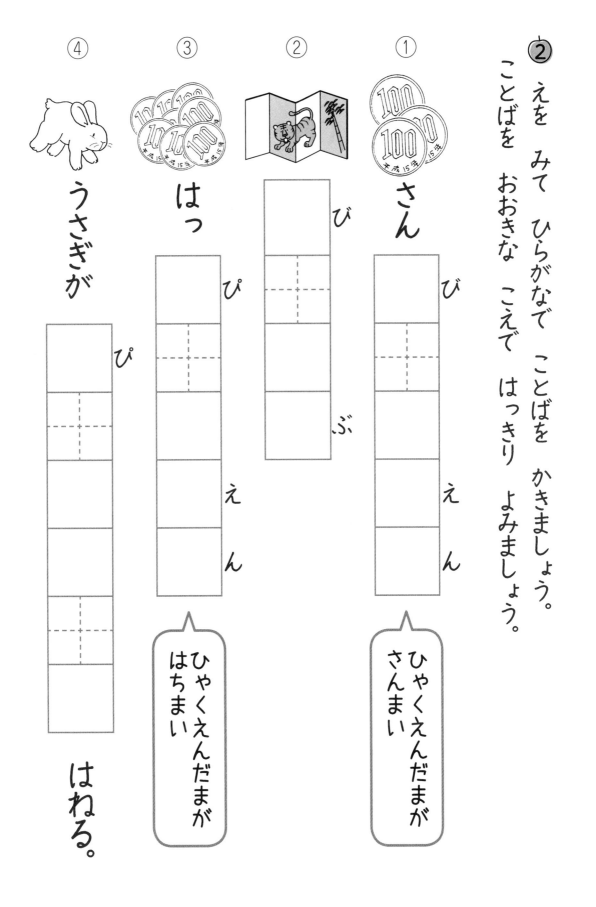

ちいさい じの ある ことば ①

なまえ

がつ　にち

つぎの ことばを ただしく かきましょう。

① あくしゅ

② ごはんぢやわん

③ じしやく

④ どくしよ

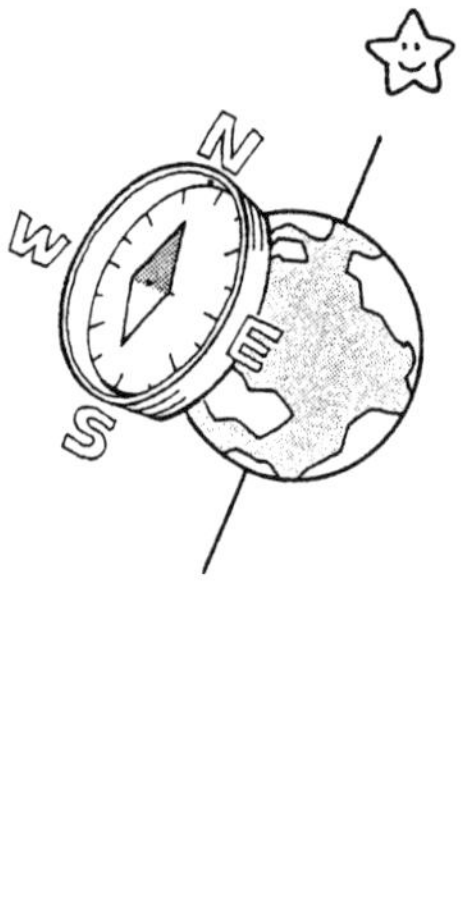

⑤ らつきよう

⑥ じやがいも

⑦ ひやつかてん

⑧ こんにやく

⑨ きやべつ

ちいさい じの ある ことば②

なまえ

がつ　にち

つぎの　ことばを　ただしく　かきましょう。

① しょうがつ

② べんきょう

③ しょうぼうしゃ

④ ぎゅうにゅう

⑤ じょうようしゃ

⑥ とつきゅう

⑦ にゅうがくしき

⑧ じゅうたん

⑨ にんぎょう

ちいさい じと
おおきい じは
はっきりと
かきわけましょう。

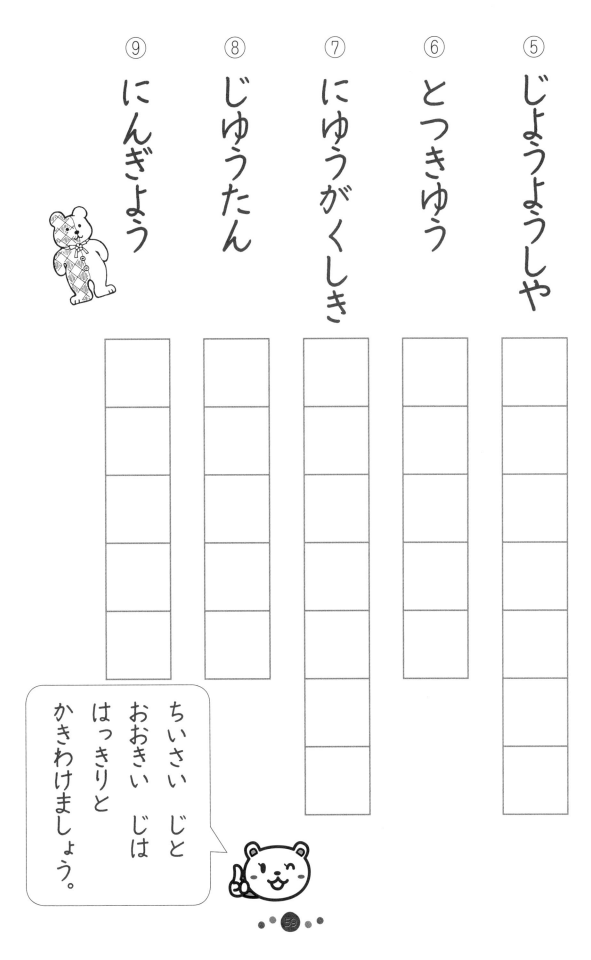

「わ」と「は」

なまえ

がつ　にち

□の　なかに「わ」か「は」を　かきましょう。

① □たし□、あそびます。

② おとうさん□、かいしゃに　いきます。

③ □んかち□、もって　います。

④ □に□、おおきいです。

「は」と　かいて「わ」と　よむ　ものが　あります。

⑤ に□に、きゅうこんを　うえます。

⑥ □と□、まめを　たべます。

⑦ □な□、きれいです。

⑧ □□□、やさしいです。

⑨ □し□、にほんで　いちぜんです。

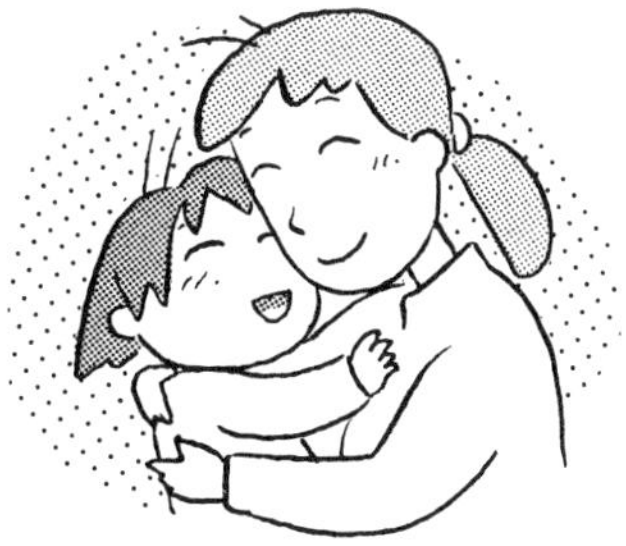

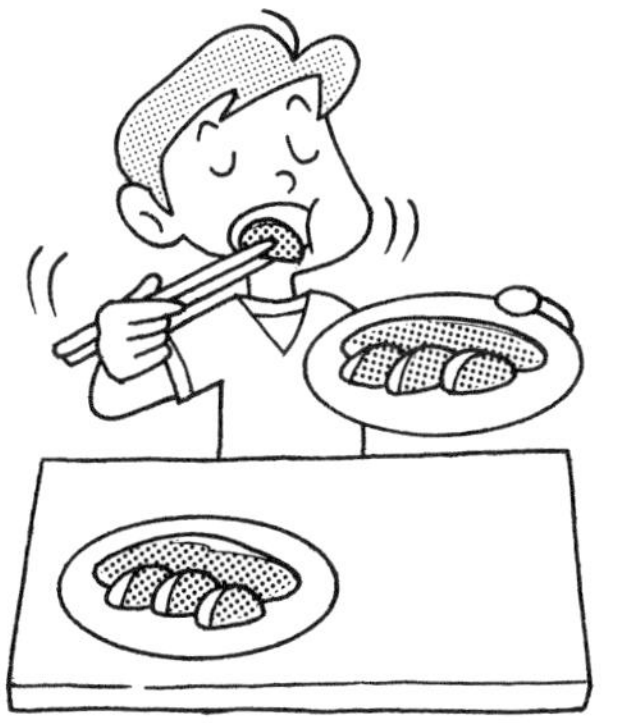

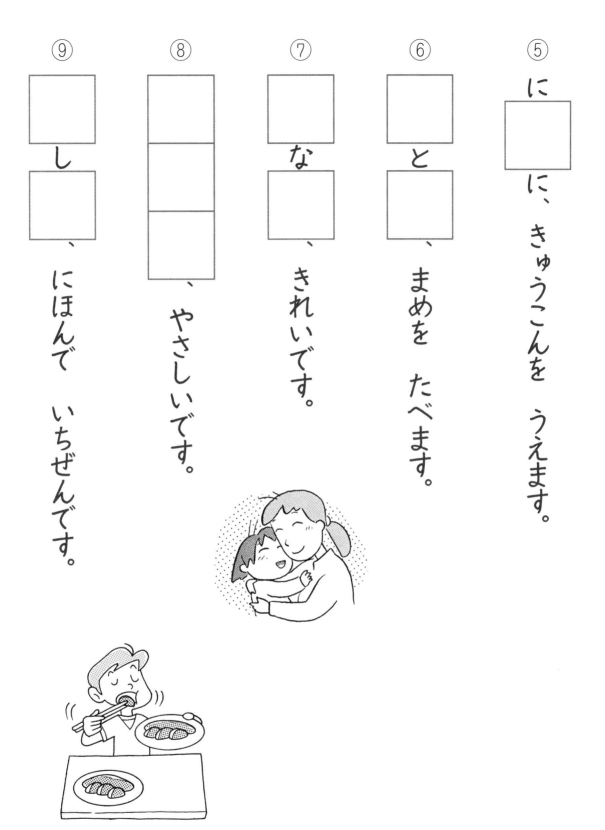

「お」と「を」

なまえ

がつ　にち

□の　なかに　「お」か　「を」を　かきましょう。

① にく□　やきました。

② にわの　くさ□　ぬきました。

③ □とうさんと　ほん□　よみました。

④ □みやげ□　かいました。

「を」は　ものの　なまえには
あまり　つかいません。
ぶんを　つくる　ときに
よく　つかいます。

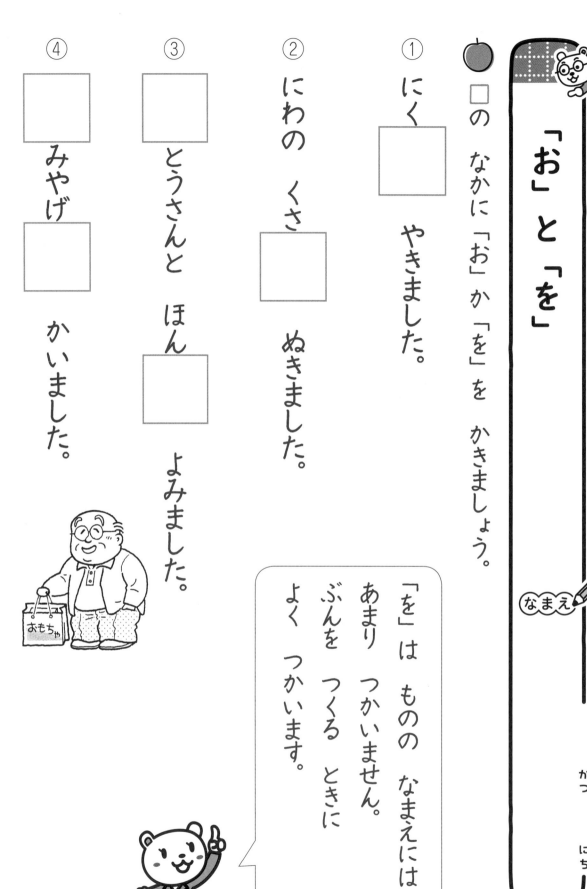

⑤ □にごっこ□しました。

⑥ こ□ろぎが なく。

⑦ □ちゃ□ のみました。

⑧ ほ□ずき□ うえました。

⑨ ほそい みち□と□る。

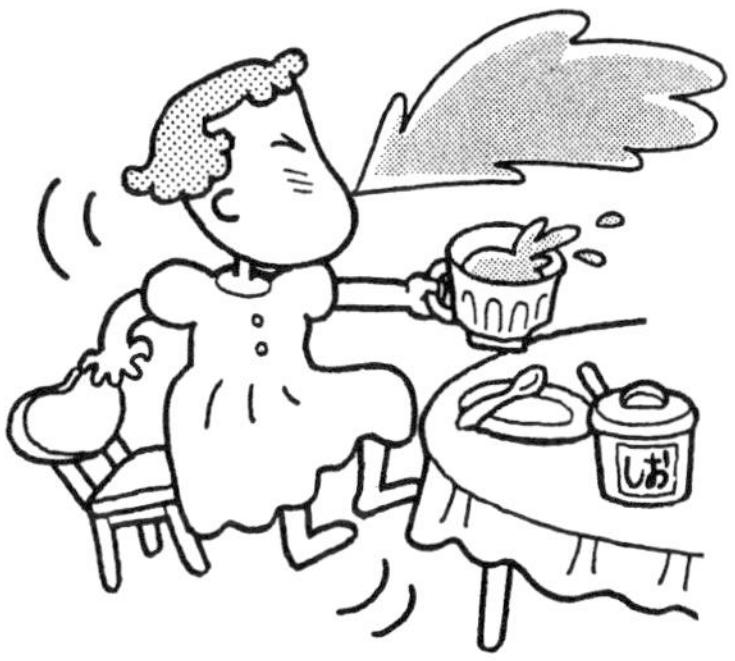

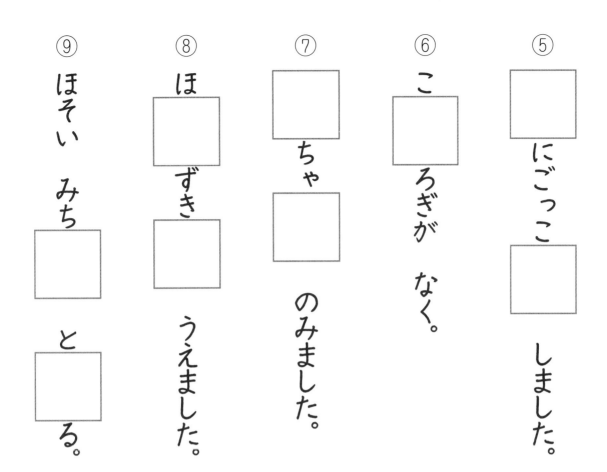

「え」と「へ」

なまえ

がつ　にち

□の　なかに　「え」か「へ」を　かきましょう。

① がっこう□　いきます。

② □ほんを　よんで　もらいました。

③ かえるに　□そは　ありません。

④ とりは　□さを　たべます。

ことばと　ことばを
くっつけるのは、
「へ」です。

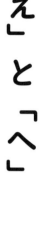

⑤ うみ□ およぎに いきます。

⑥ □ちまを とります。

⑦ □を みて はなします。

⑧ □き□ むか□に いきます。

⑨ □んそく□ あめを もって いきます。

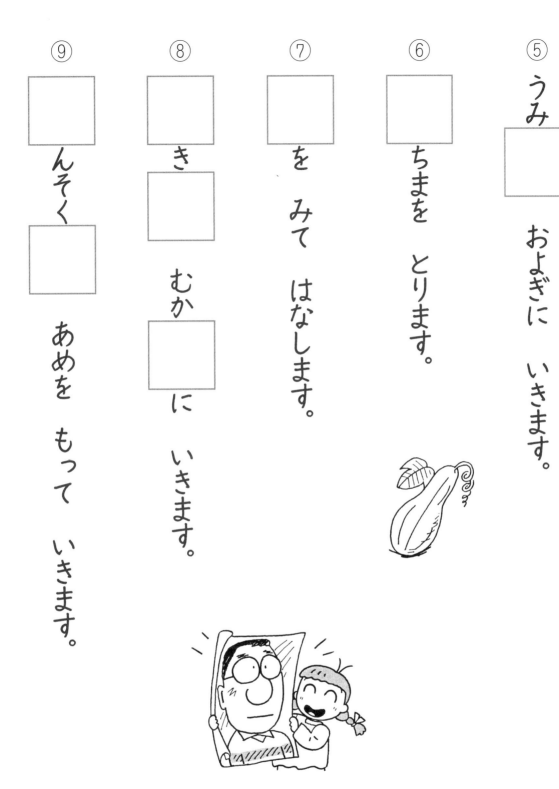

なかまの ことば

なまえ

がつ　にち

□の なかから、なかまの ことばを えらんで かきましょう。

(1)

しろ
くま
にんじん
いぬ
むらさき
ふゆ
ごぼう
うさぎ
あき
あお
はる

① なつ（　）（　）（　）
② あか（　）（　）（　）
③ さる（　）（　）（　）
④ だいこん（　）（　）

(2)

ぶどう
めじろ
まつ
もくようび
けしごむ
うぐいす
すいようび
ものさし
すぎ
かき
いちょう

① きつつき
（　　）（　　）（　　）

② みかん
（　　）（　　）（　　）

③ ひのき
（　　）（　　）（　　）

④ げつようび
（　　）（　　）（　　）

⑤ はさみ
（　　）（　　）（　　）

くみに なる ことば

なまえ

がつ　にち

□の なかから、くみに なる ことばを えらんで かきましょう。

(1)

まえ
うち
した
ひだり

① うえ ↕ ＿＿

② うしろ ↕ ＿＿

③ そと ↕ ＿＿

④ みぎ ↕ ＿＿

(2)

ちかい
おおきい
つよい
みじかい
あかるい

① よわい ↕

② くらい ↕

③ とおい ↕

④ ながい ↕

⑤ ちいさい ↕

かたかな①

なまえ

がつ　にち

① ばんごうじゅんに　ていねいに　かきましょう。

	あ	い	う	え	お
1	ア	イ	ウ	エ	オ
2					
3	ア	イ	ウ	エ	オ
4					
5	ア	イ	ウ	エ	オ
6					
7	ア	イ	ウ	エ	オ
8					
9	ア	イ	ウ	エ	オ
10					

② えの　ことばを　かたかなで　かきましょう。

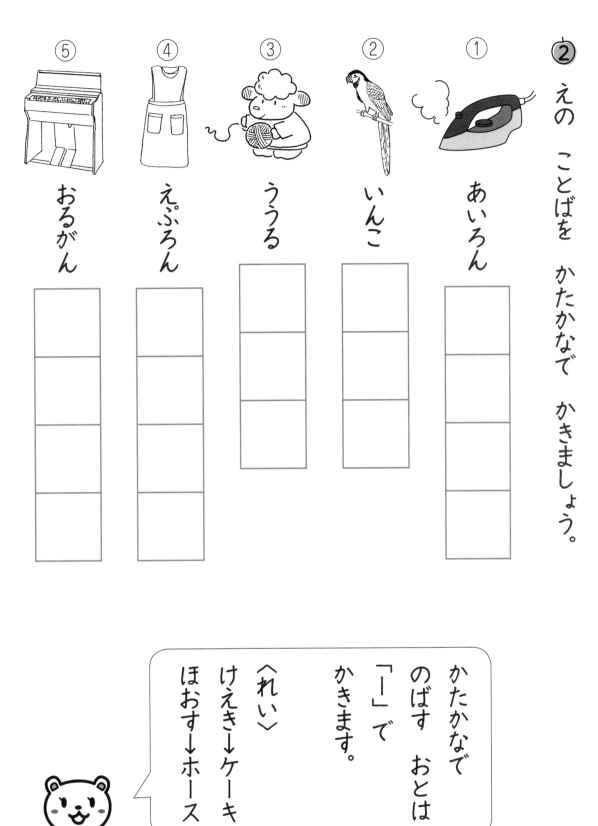

①
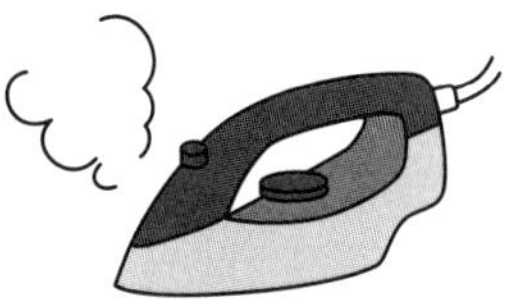
あいろん

②

いんこ

③

ううる

④

えぷろん

⑤
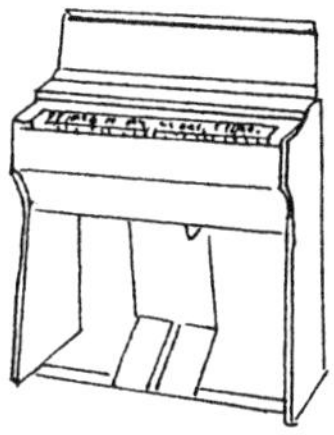
おるがん

かたかなで
のばす　おとは
「ー」で
かきます。

〈れい〉
けえき↓ケーキ
ほおす↓ホース

かたかな ②

なまえ

がつ　にち

① ばんごうじゅんに　ていねいに　かきましょう。

こ	け	く	き	か
1 コ	1 ケ	1 ク	1 キ	1 カ
2	2	2	2	2
3 コ	3 ケ	3 ク	3 キ	3 カ
4	4	4	4	4
5 コ	5 ケ	5 ク	5 キ	5 カ
6	6	6	6	6
7 コ	7 ケ	7 ク	7 キ	7 カ
8	8	8	8	8
9 コ	9 ケ	9 ク	9 キ	9 カ
10	10	10	10	10

❷ えの　ことばを　かたかなで　かきましょう。

①
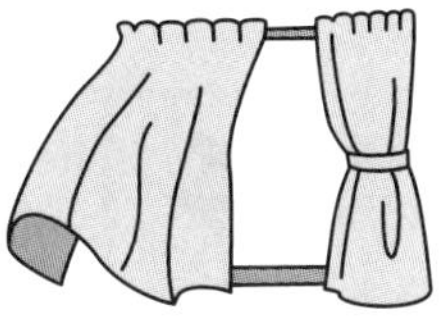
かあてん

②
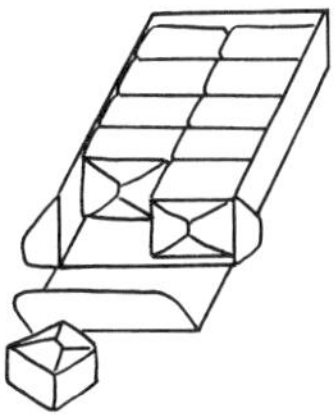
きゃらめる

③

くりすます

④
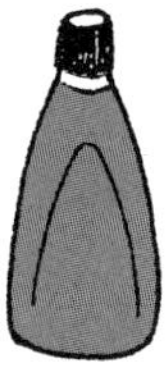
けちゃっぷ

⑤

こすもす

かたかな ③

なまえ

がつ　にち

① ばんごうじゅんに　ていねいに　かきましょう。

さ	し	す	せ	そ
1 サ	1 シ	1 ス	1 セ	1 ソ
2	2	2	2	2
3 サ	3 シ	3 ス	3 セ	3 ソ
4	4	4	4	4
5 サ	5 シ	5 ス	5 セ	5 ソ
6	6	6	6	6
7 サ	7 シ	7 ス	7 セ	7 ソ
8	8	8	8	8
9 サ	9 シ	9 ス	9 セ	9 ソ
10	10	10	10	10

② えの　ことばを　かたかなで　かきましょう。

① 
さっかあ

② 
しゃつ

③ 
すりっぱ

④ 
せえたあ

⑤ 
そっくす

「シ」を　かく　ときは、
てんてんを　うえから、
はらいを　したから
かきましょう。

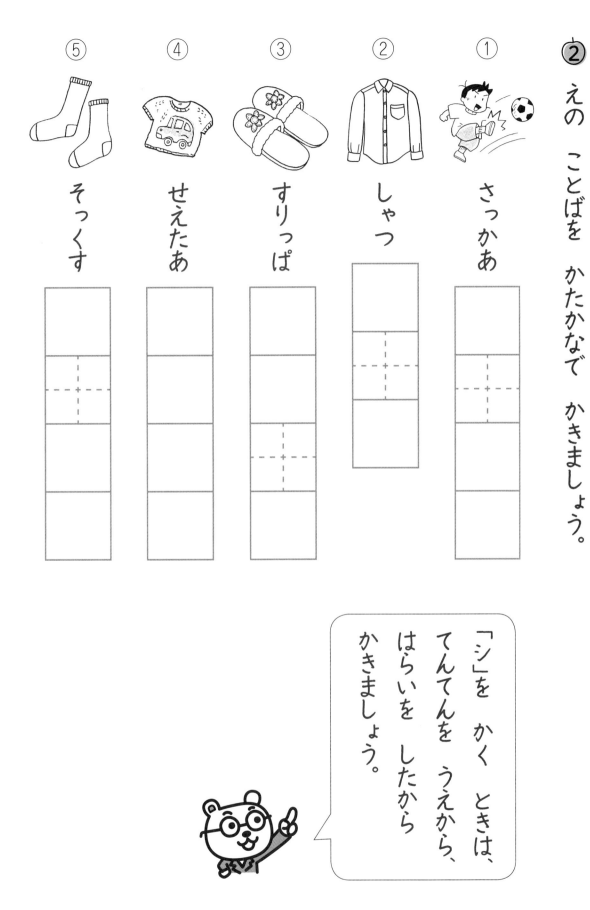

かたかな④

なまえ

がつ　にち

①　ばんごうじゅんに　ていねいに　かきましょう。

た	ち	つ	て	と
1 タ	1 チ	1 ツ	1 テ	1 ト
2	2	2	2	2
3 タ	3 チ	3 ツ	3 テ	3 ト
4	4	4	4	4
5 タ	5 チ	5 ツ	5 テ	5 ト
6	6	6	6	6
7 タ	7 チ	7 ツ	7 テ	7 ト
8	8	8	8	8
9 タ	9 チ	9 ツ	9 テ	9 ト
10	10	10	10	10

② えの　ことばを　かたかなで　かきましょう。

①
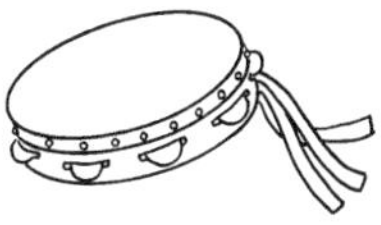
たんばりん

②

ちいたあ

③

つなさらだ

④

てんと

⑤

とらっく

「ツ」を　かく　ときは、てんてんを　よこに　ならべて、はらいを　うえから　かきましょう。

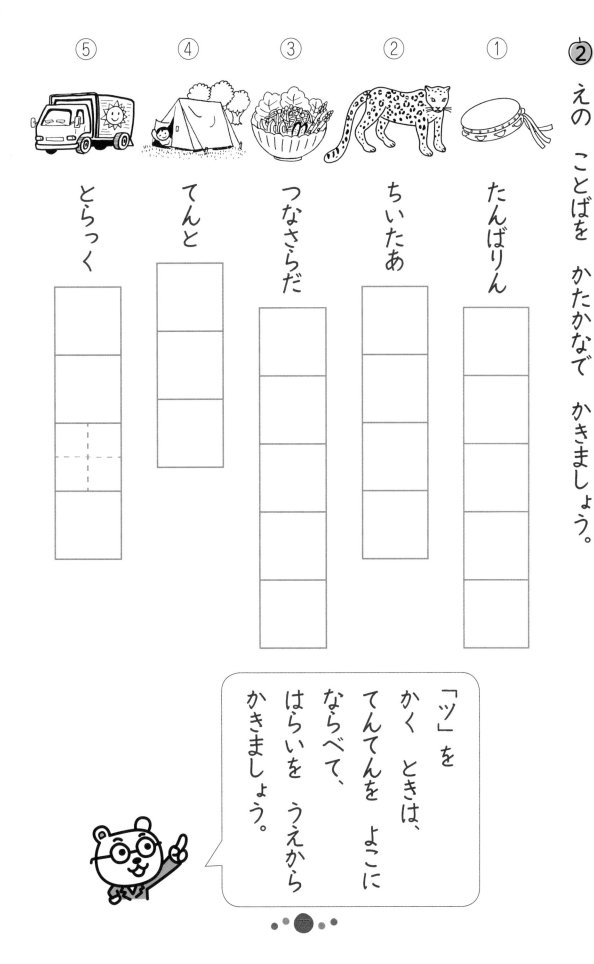

かたかな ⑤

なまえ

がつ　にち

① ばんごうじゅんに　ていねいに　かきましょう。

な	に	ぬ	ね	の
1 ナ	1 ニ	1 ヌ	1 ネ	1 ノ
2	2	2	2	2
3 ナ	3 ニ	3 ヌ	3 ネ	3 ノ
4	4	4	4	4
5 ナ	5 ニ	5 ヌ	5 ネ	5 ノ
6	6	6	6	6
7 ナ	7 ニ	7 ヌ	7 ネ	7 ノ
8	8	8	8	8
9 ナ	9 ニ	9 ヌ	9 ネ	9 ノ
10	10	10	10	10

❷ えの ことばを かたかなで かきましょう。

①
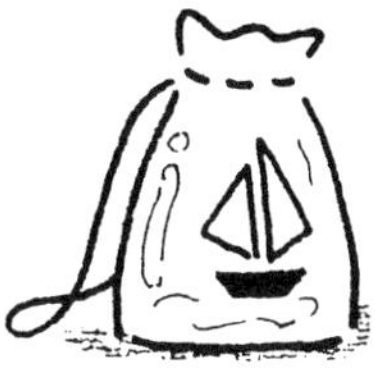
なっぷざっく

②
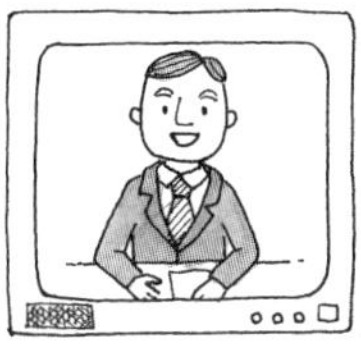
にゅうす

③
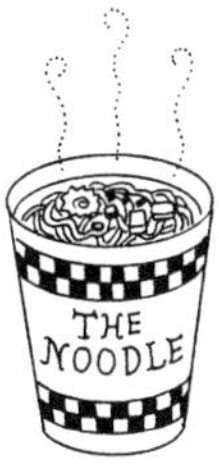

ぬうどる

④
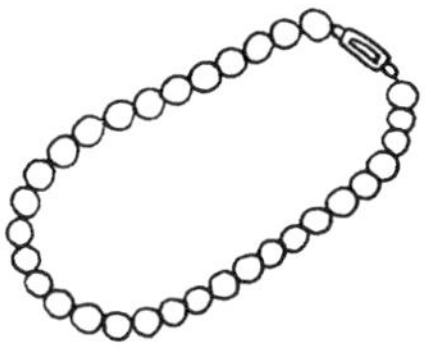
ねっくれす

⑤

のおと

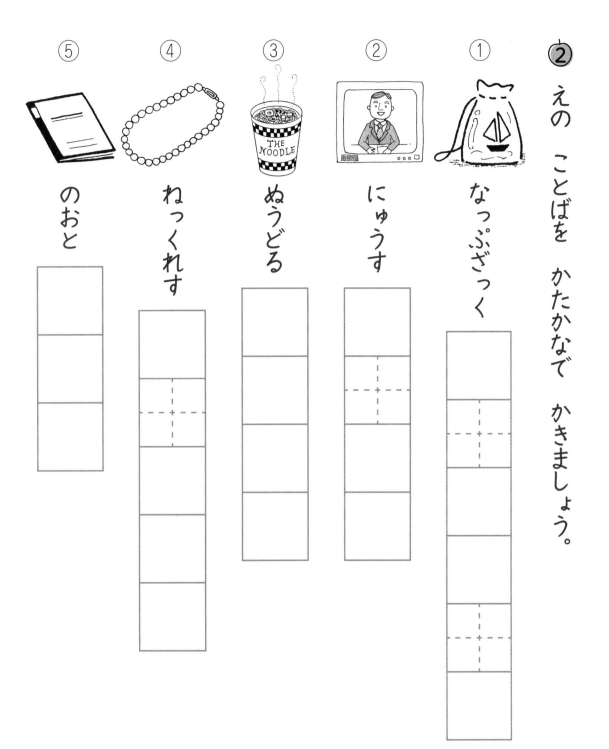

かたかな⑥

なまえ

がつ　にち

① ばんごうじゅんに　ていねいに　かきましょう。

は	1 ハ	2	3 ハ	4	5 ハ	6	7 ハ	8	9 ハ	10
ひ	1 ヒ	2	3 ヒ	4	5 ヒ	6	7 ヒ	8	9 ヒ	10
ふ	1 フ	2	3 フ	4	5 フ	6	7 フ	8	9 フ	10
へ	1 ヘ	2	3 ヘ	4	5 ヘ	6	7 ヘ	8	9 ヘ	10
ほ	1 ホ	2	3 ホ	4	5 ホ	6	7 ホ	8	9 ホ	10

❷ えの ことばを かたかなで かきましょう。

① 
はあと

② 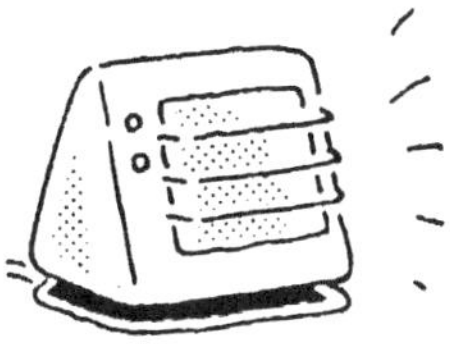
ひいたあ

③ 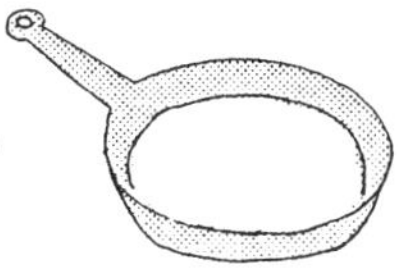
ふらいぱん

④ 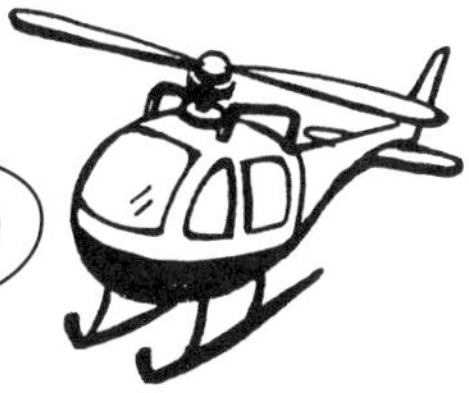
へりこぷたあ

⑤ 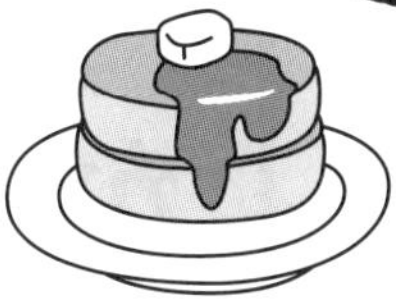
ほっとけえき

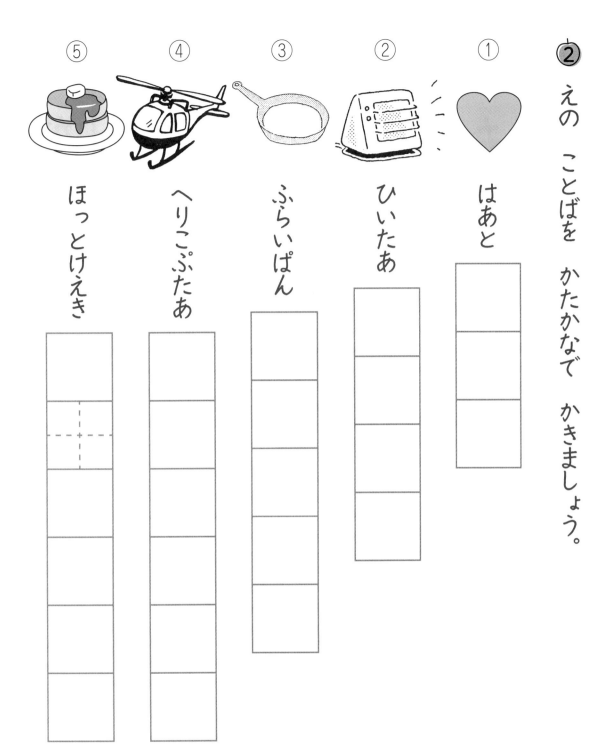

かたかな ⑦

なまえ

がつ　にち

① ばんごうじゅんに　ていねいに　かきましょう。

	ま	み	む	め	も
1	マ	ミ	ム	メ	モ
2					
3	マ	ミ	ム	メ	モ
4					
5	マ	ミ	ム	メ	モ
6					
7	マ	ミ	ム	メ	モ
8					
9	マ	ミ	ム	メ	モ
10					

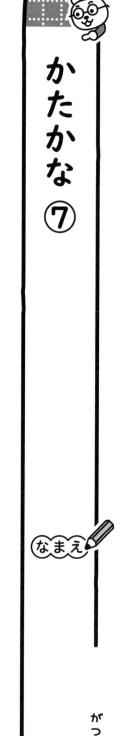

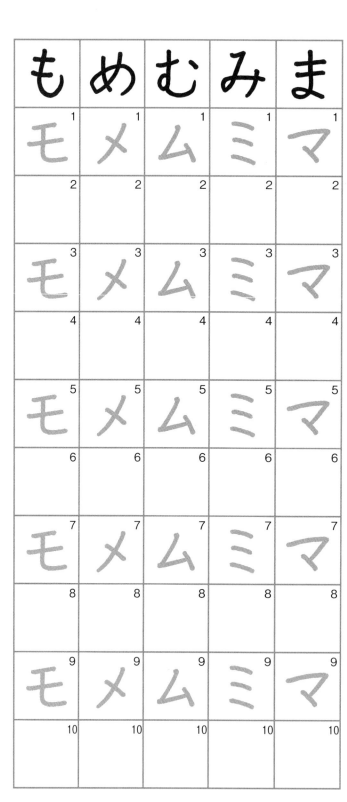

② えの ことばを かたかなで かきましょう。

①
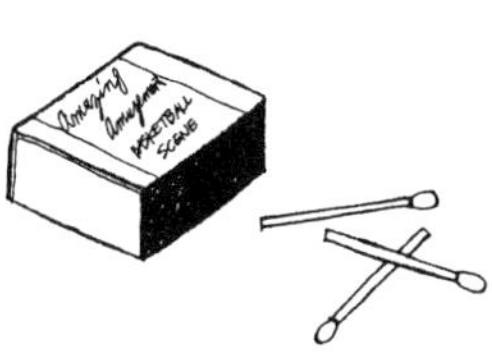
まっち

②
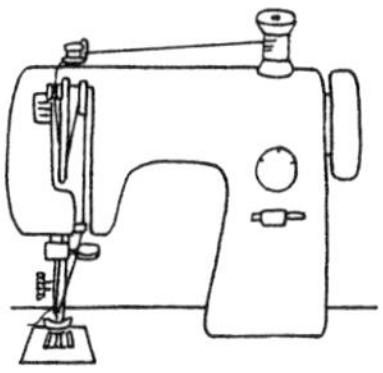
みしん

③
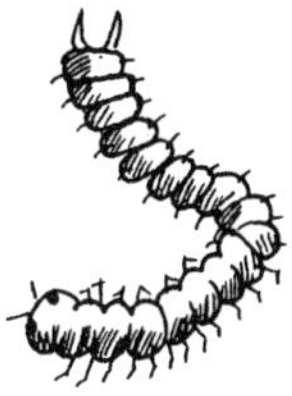
むかで

④
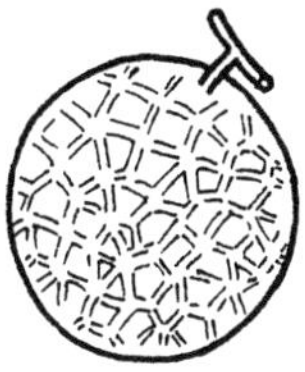
めろん

⑤
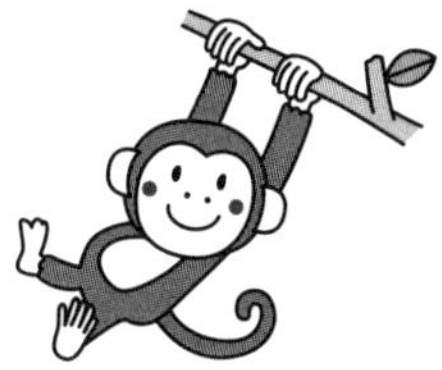
もんきい

「さる」の えいごだよ

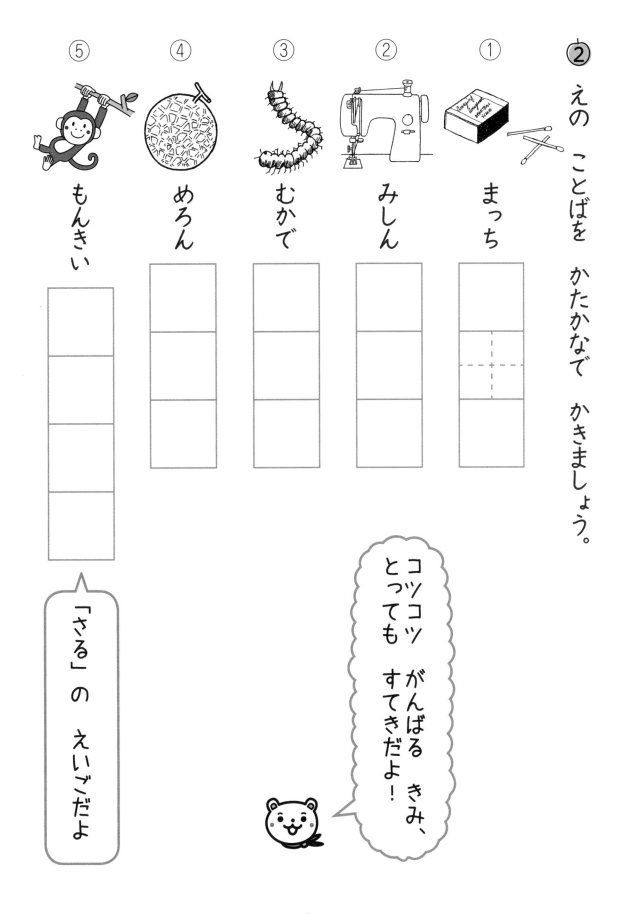

かたかな⑧

なまえ

がつ　にち

①ばんごうじゅんに　ていねいに　かきましょう。

ん	を	わ	よ	ゆ	や
1 ン	1 ヲ	1 ワ	1 ヨ	1 ユ	1 ヤ
2	2	2	2	2	2
3 ン	3 ヲ	3 ワ	3 ヨ	3 ユ	3 ヤ
4	4	4	4	4	4
5 ン	5 ヲ	5 ワ	5 ヨ	5 ユ	5 ヤ
6	6	6	6	6	6
7 ン	7 ヲ	7 ワ	7 ヨ	7 ユ	7 ヤ
8	8	8	8	8	8
9 ン	9 ヲ	9 ワ	9 ヨ	9 ユ	9 ヤ
10	10	10	10	10	10

2 えの ことばを かたかなで かきましょう。

① 
やまあらし

② 
ゆうふぉお

③ 
よっと

④ 
わに

⑤ 
わんわん

と ほえる。

「ソ（そ）」は うえから はらい、
「ン（ん）」は したから はらいます。

かたかな ⑨

なまえ

がつ　にち

① ばんごうじゅんに　ていねいに　かきましょう。

ら	り	る	れ	ろ
1 ラ	1 リ	1 ル	1 レ	1 ロ
2	2	2	2	2
3 ラ	3 リ	3 ル	3 レ	3 ロ
4	4	4	4	4
5 ラ	5 リ	5 ル	5 レ	5 ロ
6	6	6	6	6
7 ラ	7 リ	7 ル	7 レ	7 ロ
8	8	8	8	8
9 ラ	9 リ	9 ル	9 レ	9 ロ
10	10	10	10	10

② えの　ことばを　かたかなで　かきましょう。

① 
らけっと

② 
りぼん

③ 
るびい

④ 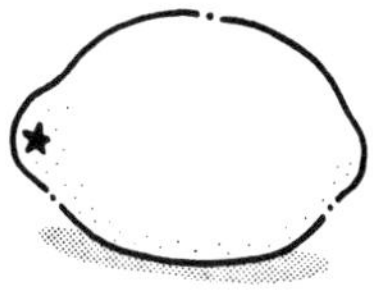
れもん

⑤ 
ろけっと

めざせ！
かたかなマスター！！

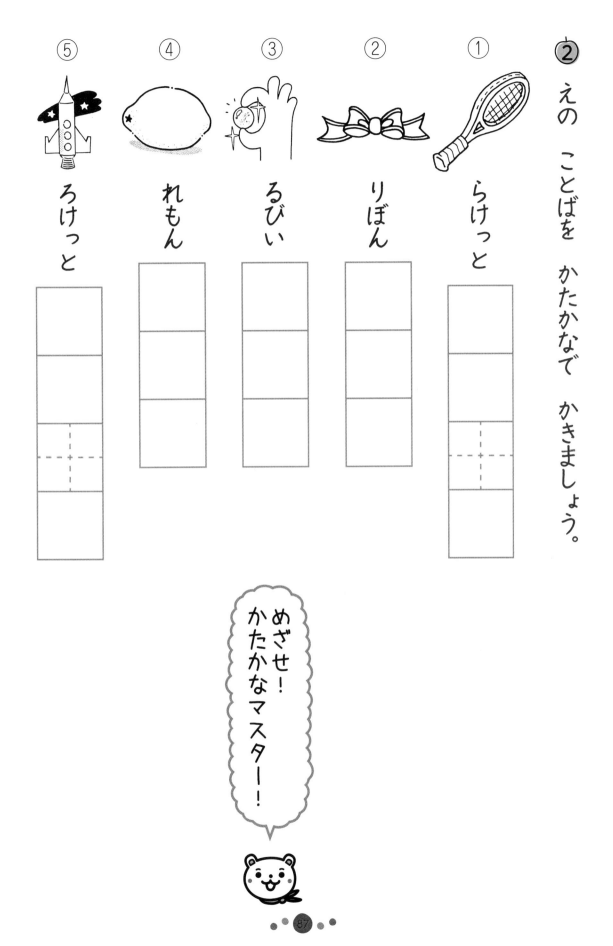

かたかなの ひょう

なまえ

がつ にち

うえの かたかなを したに かきましょう。

ハ	ナ	タ	サ	カ	ア
ヒ	ニ	チ	シ	キ	イ
フ	ヌ	ツ	ス	ク	ウ
ヘ	ネ	テ	セ	ケ	エ
ホ	ノ	ト	ソ	コ	オ

パ	バ	ダ	ザ	ガ	ワ	ラ	ヤ	マ
ピ	ビ	ヂ	ジ	ギ	ヲ	リ	ユ	ミ
プ	ブ	ヅ	ズ	グ	ン	ル	ヨ	ム
ペ	ベ	デ	ゼ	ゲ		レ		メ
ポ	ボ	ド	ゾ	ゴ		ロ		モ

まる「。」てん「、」

なまえ

がつ　にち

1 まる「。」と てん「、」の つけかたが ただしい ほうに ○を つけましょう。

① （　）とりが、そらを　とんだ。
（　）とりが、そらを。とんだ。

② （　）きゅうしょくは、ぜんぶ　たべた。
（　）きゅうしょくは。ぜんぶ　たべた、

③ （　）ぼくは。おふろに　はいった。
（　）ぼくは、おふろに　はいった。

「。」は ぶんの おわりに、「、」は ぶんの とちゅうに つけます。

④
（　）おばあちゃんが、えほんを　かって　くれた。
（　）おばあちゃんが。えほんを　かって　くれた、

2 つぎの　ぶんに　「、」と　「。」を　ひとつずつ　いれましょう。

① わたしは　げんきに　とうこう　しました

② おかあさんは　チューリップを　かいました

③ みんなは　かわで　みずあそびを　しました

④ おとうとは　おばあちゃんの　うちに　いきました

⑤ ぼくは　おにいちゃんと　あそびました

ていねいな いいかた

なまえ

がつ にち

1 ていねいな いいかたを して いる ほうに ○を つけましょう。

① （ ）ぼくは、さんすうが とくいだ。
（ ）ぼくは、さんすうが とくいです。

② （ ）ドッジボールが すきです。
（ ）ドッジボールが すきだ。

③ （ ）いぬの さんぽを した。
（ ）いぬの さんぽを しました。

④
（　）ほんを　よみました。
（　）ほんを　よんだ。

❷ ――の　ところを　ていねいな　いいかたに　なおしましょう。

① おりがみを　おった。

② やきゅうを　した。

③ ジュースを　のんだ。

④ ねんどで　つくった。

⑤ プールで　およいだ。

かん字①

なまえ

がつ　にち

① かきじゅんを　正《ただ》しく　おぼえましょう。

口　くち

手　て

目　め

耳　みみ

② えに あう かん字《じ》を、上《うえ》の ［　］の 中《なか》から えらんで かきましょう。

川《かわ》 月《つき》 山《やま》 日《ひ》 手 上 木《き》 目

⑦ ⑤ ③ ①

⑧ ⑥ ④ ②

かん字②

なまえ

がつ　にち

左《ひだり》の　えは　人《ひと》の　からだです。□に　ひらがなで　名《な》まえを　かきましょう。
（　）には　かん字《じ》を　かきましょう。

①

②（　）

③

④

⑤ せなか

⑥

⑦

⑧（　）

⑨

⑩ かかと

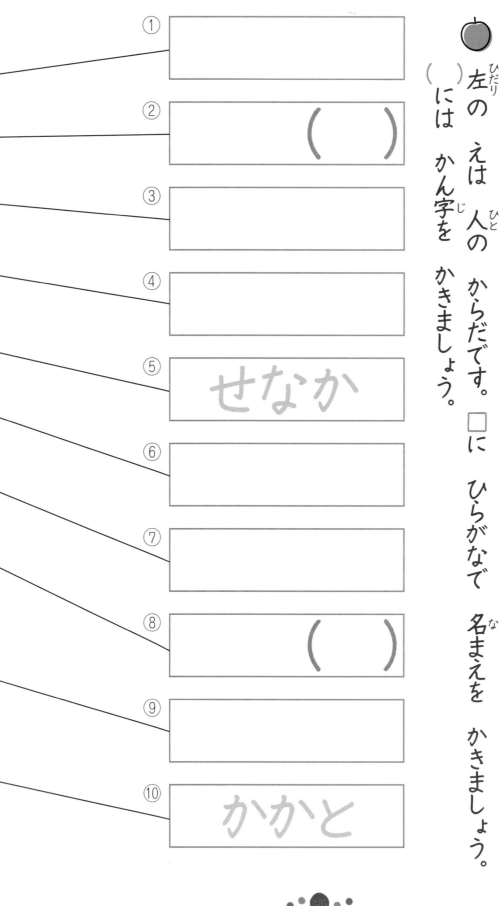

⑪ まゆ

⑫ （　　）

⑬

⑭ （　　）

⑮

⑯ むね

⑰ はら

⑱

⑲ （　　）

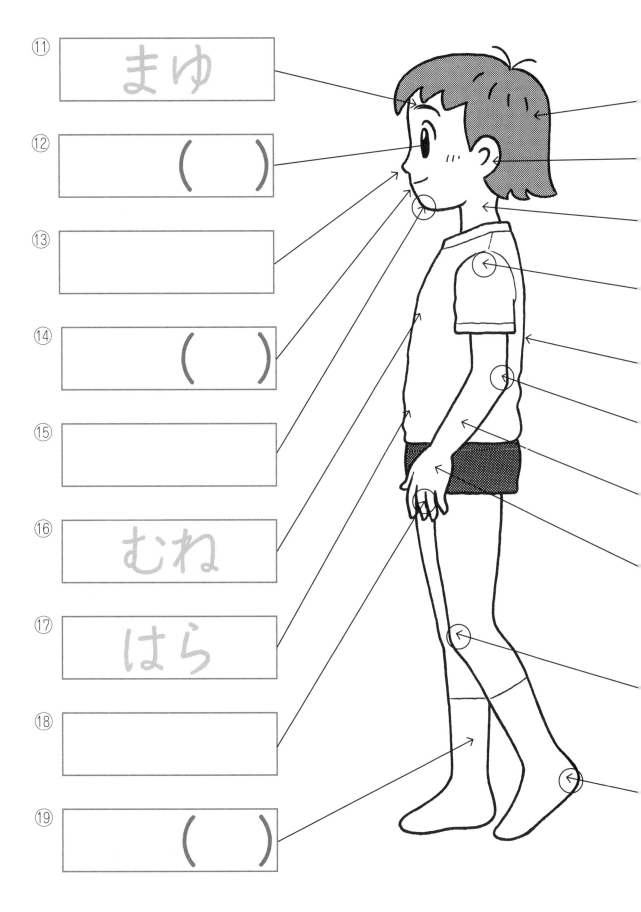

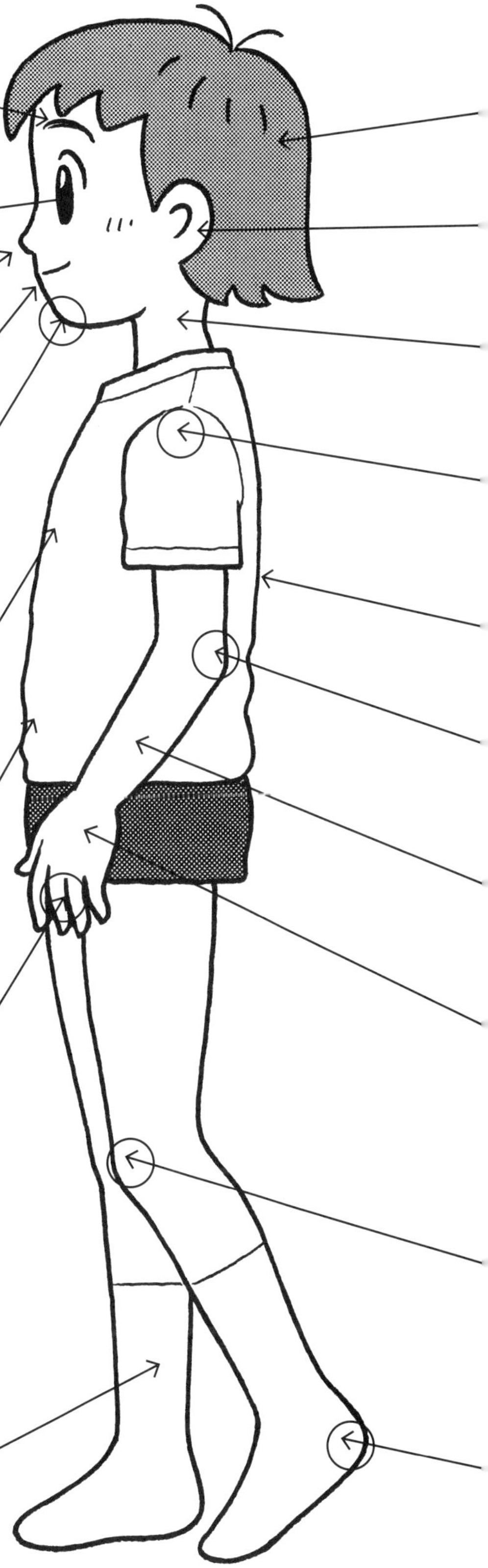

「だれ」でしょう ①

なまえ

がつ　にち

文《ぶん》を　よんで、もんだいに　こたえましょう。

①

そうまさんが、くしゃみを　しました。

「だれ」が、くしゃみを　しましたか。

（　　　　）が、しました。

②

ゆなさんが、なわとびを　しました。

「だれ」が、なわとびを　しましたか。

（　　　　）が、しました。

③

ゆうきさんが、つくえを
はこびました。

④

ほのかさんが、うたを
うたいました。

⑤

りつさんが、本《ほん》を　よみま
した。

「だれ」が、つくえを　はこび
ましたか。

（　　　　）が、はこびまし
た。

「だれ」が、うたを　うたいま
したか。

（　　　　）が、うたいまし
た。

「だれ」が、本を　よみましたか。

（　　　　）が、よみました。

「だれ」でしょう②

なまえ

がつ　にち

文《ぶん》を　よんで、（　）に　あう　ことばを　かきましょう。

①

ひなさんが、もっきんを
たたきました。

（　　）が、もっきん
を　たたきました。

②

ゆうせいさんが、いちごを
つんで　きました。

（　　）が、いちごを
つんで　きました。

③

りこさんが、さかなを　つって　きました。

④

かなたさんが、おみやげを　かって　きました。

⑤

あおいさんが、手《て》さげを　もって　きました。

（　　　　）が、さかなを　つって　きました。

（　　　　）が、おみやげを　かって　きました。

（　　　　）が、手さげを　もって　きました。

「だれ」でしょう③

なまえ

がつ　にち

文《ぶん》を　よんで、もんだいに　こたえましょう。

①

ちづるさんが、かおを　あらいました。
そして、ふきました。

②

つばささんが、え本《ほん》を　もって　きました。れんさん
が、よんで　あげました。

①「だれ」が、かおを　あらいましたか。

（　　　　）が、あらいました。

②「だれ」が、え本を　もって　きましたか。

（　　　　）が、もって　きました。

③

さきさんは、おやつを
かいました。だいきさんが、
おやつを　たべました。

④

みわさんが、はなしかけて
きました。ゆうきさんは、
しっかり　ききました。

⑤

まゆさんが、草《くさ》を　ぬきま
した。あさひさんが、草を
はこびました。

「だれ」が、おやつを　かいま
したか。

（　　　　　）が、かいました。

「だれ」が、はなしを　ききま
したか。

（　　　　　）が、ききました。

「だれ」が、草を　ぬきましたか。

（　　　　　）が、ぬきました。

「だれ」でしょう④

なまえ

がつ　にち

文《ぶん》を　よんで、（　　）に　あう　ことばを　かきましょう。

(1)

おじさんが　もちを　つきました。けんとさんが　もちをたべました。

① （　　　　）が、もちを　つきました。

② （　　　　）が、もちを　たべました。

(2)

おとうとが、ジュースを
もって　きました。
おかあさんが、ジュースを
コップに　ついで　あげました。

(3)

先生《せんせい》が　うんどうじょうに
出《で》ました。ゆりさんは、先生
と　手《て》を　つなぎました。

①（　　　）が、ジュース
を　もって　きました。

②（　　　）が、ジュース
を　ついで　あげました。

①（　　　）が、うんどう
じょうに　出ました。

②（　　　）は、先生と
手を　つなぎました。

「だれ」でしょう⑤

なまえ

がつ　にち

文《ぶん》を　よんで、（　）に　あう　ことばを　かきましょう。

(1)

きゅうしょくの　よういが　できました。るりさんは、さいしょに、パンを　たべました。

① パンを　たべた　人《ひと》は、（　　　）です。

(2)

けんとさんが　ボールを
なげました。おとうさんが
グローブで　うけました。
しかし、ボールは　おちま
した。

(3)

わたしは、おばあちゃんの
いえに　いきました。
でも、おばあちゃんは、い
えに　いませんでした。

①ボールを　なげた　人は、（　　　　）です。

②グローブで　うけた　人は、（　　　　）です。

①おばあちゃんの　いえに　いった　人は、（　　　　）です。

②いえに　いなかった　人は、（　　　　）です。

「いつ」でしょう ①

なまえ

がつ　にち

文《ぶん》を　よんで、もんだいに　こたえましょう。

①

三月三日《さんがつみっか》が、　ひなまつりです。

「いつ」が、ひなまつりですか。

（　　　　）が、　ひなまつりです。

②

三月十四日《じゅうよっか》が、　ホワイトデーです。

「いつ」が、　ホワイトデーですか。

（　　　　）が、　ホワイトデーです。

③

四《し》月《がつ》二《に》十《じゅう》九《く》日《にち》が、しょうわの日《ひ》です。

④

五《ご》月《がつ》三日《みっか》が、けんぽうきねん日《び》です。

⑤

五月五日《いつか》が、こどもの日です。

「いつ」が、しょうわの日ですか。

（　　　）が、しょうわの日です。

「いつ」が、けんぽうきねん日ですか。

（　　　）が、けんぽうきねん日です。

「いつ」が、こどもの日ですか。

（　　　）が、こどもの日です。

「いつ」でしょう ②

なまえ

がつ　にち

文《ぶん》を　よんで、　もんだいに　こたえましょう。

①

七月七日《しちがつなのか》が、　たなばたです。

「いつ」が、　たなばたですか。

（　　　　）です。

②

九月一日《くがつついたち》が、　ぼうさいの日《ひ》です。

「いつ」が、　ぼうさいの日ですか。

（　　　　）です。

③

九月九日《ここのか》が、きくのせっくです。

④

十一月三日《じゅういちがつみっか》が、ぶんかの日です。

⑤

十一月二十三日《にじゅうさんにち》が、きんろうかんしゃの日です。

「いつ」が、きくのせっくですか。

（　　　　）です。

「いつ」が、ぶんかの日ですか。

（　　　　）です。

「いつ」が、きんろうかんしゃの日ですか。

（　　　　）です。

「いつ」でしょう ③

なまえ　　がつ　にち

文《ぶん》を　よんで、（　　）に　あう　ことばを　かきましょう。

①

はるに　なると、タンポポ
の　きいろい　きれいな　花《はな》
が　さきます。

（　　　　）に　なると、タンポポの　花が　さきます。

②

なつに　なると、プールで
たのしく　およぎます。

（　　　　）に　なると、プールで　およぎます。

③

あきに　なると、かきや
くりの　みが　いっぱい　な
ります。

④

ふゆに　なると、いけに
あつい　こおりが　はります。

⑤

お正月《しょうがつ》には、かぞくで
はつもうでに　いきます。

（　　　）に　なると、みが
いっぱい　なります。

（　　　）に　なると、こお
りが　はります。

（　　　）には、はつもうでに
いきます。

「いつ」でしょう④

なまえ

がつ　にち

文《ぶん》を よんで、（　）に あう ことばを かきましょう。

①

きょう、でん車《しゃ》に のりました。

②

あさ、ぼくは、ぎゅうにゅうを のみました。

（　　　）、でん車に のりました。

（　　　）、ぼくは ぎゅうにゅうを のみました。

③

夕《ゆう》がた、空《そら》に　七《なな》いろの
にじが　できました。

④

あさっては、うれしい
えん足《そく》です。

⑤

日《にち》よう日《び》、おとうさんと
うみに　つりに　いく　よ
ていです。

（　　　　）、空に　にじが
できました。

（　　　　）は、えん足です。

（　　　　）、おとうさんと
つりに　いく　よていです。

「どこ」でしょう ①

なまえ

がつ　にち

● 文《ぶん》を よんで、もんだいに こたえましょう。

①

はるさんは、うんどうじょうで てつぼうを しました。

「どこ」で てつぼうを しましたか。

（　　　　　　　）です。

②

かほさんは、こうえんで あそびました。

「どこ」で あそびましたか。

（　　　　　　　）です。

③

ゆいとさんは、あずきささんの いえで しゅくだいを しました。

④

つむぎさんは、としょかんで 本《ほん》を よみました。

⑤

さなさんは、どうぶつえんで きりんを 見《み》ました。

「どこ」で しゅくだいを しましたか。

（　　　　）です。

「どこ」で 本を よみましたか。

（　　　　）です。

「どこ」で きりんを 見ましたか。

（　　　　）です。

「どこ」でしょう②

なまえ

がつ　にち

文《ぶん》を　よんで、（　　）に　あう　ことばを　かきましょう。

①

あおとさんが　あそびに
きました。そして、いえで、
ケーキを　たべました。

あおとさんが　ケーキを　たべた　ところは、（　　）です。

②

ひる休《やす》みに　なりました。
みんなは　校《こう》ていで、あそ
びました。

みんなが　あそんだ　ところは、（　　）です。

③

日《にち》よう日《び》、デパートに いきました。そして、ふくを かいました。

④

火《か》よう日《び》、えん足《そく》に いきました。川《かわ》で さかなを とりました。

⑤

なつ休み、山《やま》に いきました。そこで、きれいな 花《はな》を 見《み》ました。

ふくを かった ところは、（　　　　）です。

さかなを とった ところは、（　　　　）です。

きれいな 花を 見た ところは、（　　　　）です。

「どこ」でしょう③

なまえ

がつ　にち

● 文《ぶん》を　よんで、（　　）に　あう　ことばを　かきましょう。

(1)

なつ休《やす》みは、おばあちゃんの　いえに　いきました。ふゆ休みは、山《やま》へ　スキーをしに　いく　よていです。

① なつ休みに　いった　ところは、（　　　　）です。

② ふゆ休みに　いく　ところは、（　　　　）です。

(2)

土《ど》よう日《び》は、こうえんで
ブランコを　しました。
日《にち》よう日《び》は、いえで、たんじ
ょう日《び》かいを　しました。

(3)

きのう、しょうてんがいで
くつを　かって　もらいまし
た。こんどの　日よう日は
スーパーで、ズボンを　かっ
て　もらいます。

① ブランコを　した　ところは、
（　　　）です。

② たんじょう日かいを　した
ところは、
（　　　）です。

① こんどの　日よう日、ズボン
を　かって　もらう　ところ
は、
（　　　）です。

「なに」でしょう ①

なまえ

がつ　にち

文《ぶん》を　よんで、もんだいに　こたえましょう。

①

犬《いぬ》が「ワン」と　ほえました。

「なに」が　ほえましたか。

（　　　　）が　ほえました。

②

チャイムが　キンコンカンと　なりました。

「なに」が　なりましたか。

（　　　　）が　なりました。

③

ねこが　きゅうに　はしり出《だ》しました。

④

ほしが　キラキラと　ひかって　います。

⑤

かぜが　ピューピューと　ふいて　います。

「なに」が　はしり出しましたか。

（　　　）が　はしり出しました。

「なに」が　ひかって　いますか。

（　　　）が　ひかって　います。

「なに」が　ふいて　いますか。

（　　　）が　ふいて　います。

「なに」でしょう②

なまえ

がつ　にち

文《ぶん》を よんで、（　）に あう ことばを かきましょう。

①

車《くるま》の とまる 音《おと》が しました。そとに 出《で》てみると、犬《いぬ》が いました。

（　　　　）が いました。

②

学校《がっこう》めぐりで、きゅうしょくしつの 中《なか》を 見《み》ました。すると やさいが ありました。

（　　　　）が ありました。

③

みちの　はしを　あるきました。すると、すいせんが　さいて　いました。

④

さらが　われました。それを　しんぶんしに　つつんで　もって　いきました。

⑤

空《そら》から　音が　きこえて　きました。そのとき、大《おお》きな　ひこうきが　とんで　いました。

（　　　　）が　さいて
いました。

（　　　　）が　われました。

大きな（　　　　）が
とんで　いました。

「なに」でしょう③

なまえ

がつ　にち

文《ぶん》を　よんで、（　　）に　あう　ことばを　かきましょう。

(1)

わたしは、かさを　さして　あるいて　いました。すると、つよい　かぜが　ふいて　きて、かさが　とばされました。

① わたしが　さして　いたのは、（　　）です。

② かさを　とばしたのは、（　　）です。

(2)

おかあさんが、はたけに
まめを うえて いました。
すると、はとが きて、ま
めを たべました。

(3)

六年生《ろくねんせい》が なげた ボー
ルが とんで きました。
それを、一年生《いちねんせい》が、ひろい
ました。

① はたけに うえて いた
ものは、（　　　）です。

② まめを たべたのは、（　　　）です。

① 一年生が ひろったのは、（　　　）です。

いい ちょうし だね

「どんな」でしょう①

なまえ

がつ　にち

文《ぶん》を　よんで、（　）に　あう　ことばを　かきましょう。

①

りんさんは、くろい　石《いし》
を　ひろいました。

りんさんは、（　　）石
を　ひろいました。

②

にわに、赤《あか》い　バラの
花《はな》が　さいて　いました。

にわに、（　　）バラの
花が　さいて　いました。

③

木《き》に、かわいい　小《こ》とり
が　とまって　いました。

④

山《やま》に、大《おお》きな　木が
いっぱい　ありました。

⑤

なつは、あつい　日《ひ》が
つづくので　水《みず》あそびが
たのしい。

木に、（　　　　）小とり
が　とまって　いました。

山に、（　　　　）木が
いっぱい　ありました。

なつは、（　　　　）日が
つづきます。

「どんな」でしょう②

なまえ

がつ　にち

文《ぶん》を　よんで、もんだいに　こたえましょう。

(1)

おばあさんは、おいしい　おむすびを　たべようと　しました。すると、おむすびは　ころころ　ころげて　いきました。

① どんな　おむすびでしたか。

（　　　　　　）おむすび

② おむすびは　どうなりましたか。

（　　　　　　）ころげて　いきました。

(2)

みんなは、　おもい
リュックサックを　せおって
えん足《そく》に　いきました。
つかれたので、　まるい　石《いし》
に　すわって　休《やす》みました。

(3)

まどから　あかるい　ひ
かりが　さしこみました。
さむい　へやが　あたた
かく　なって　きました。

(2)

① どんな　リュックサックでしたか。

（　　　　）リュックサック

② どんな　石に　すわって　休みましたか。

（　　　　）石

(3)

① どんな　ひかりが　さしこみましたか。

（　　　　）ひかり

「どんな」でしょう③

なまえ

がつ　にち

文《ぶん》を　よんで、（　　）に　あう　ことばを　かきましょう。

(1)

つむぎさんは、名《な》まえを　よばれたら　さっと　立《た》ち　ました。それから、きょう　かしょを　大《おお》きい　こえで　よみました。

① つむぎさんは、（　　）立ちました。

② きょうかしょを　（　　）こえで　よみました。

(2)

ガチャガチャと 虫《むし》の なきごえが きこえて きました。 あきが きたのだ と おもいました。

(3)

チャイムの 音《おと》が ピンポンと なりました。 しばらく したら、 げんかんの ドアを しめる 音が バタンと きこえました。

① 虫は （　　　　） と なきました。

クツワムシは ガチャガチャと なくよ

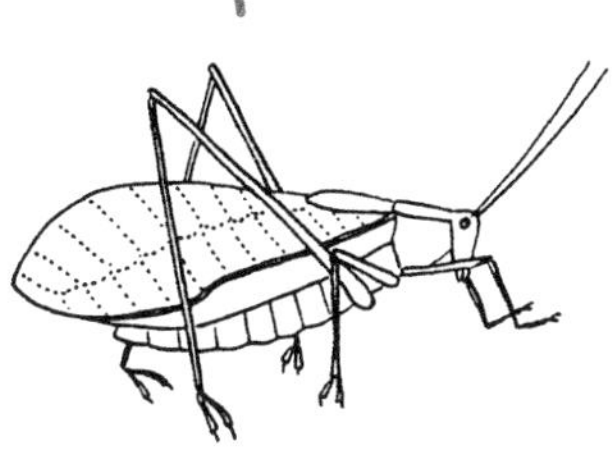

① チャイムは （　　　　） と なりました。

② ドアを しめる 音が （　　　　） と きこえました。

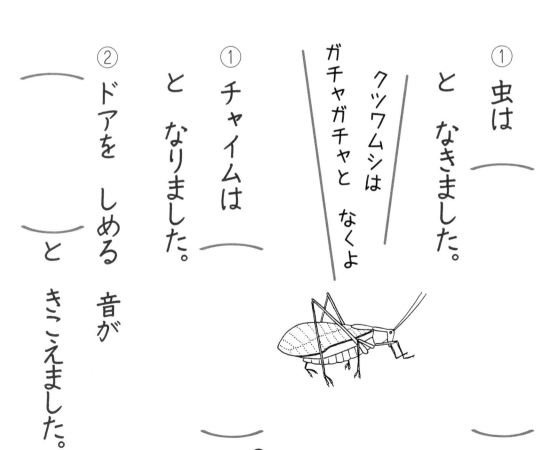

どんな　気もち　①

なまえ

がつ　にち

文《ぶん》を　よんで、もんだいに　こたえましょう。

①

はるかさんは、え本《ほん》を　かって　もらって、うれしい　気《き》もちに　なりました。

②

ゆいとさんは、音《おん》がくの　じかんに　うたって、たのしい　気もちに　なりました。

①　はるかさんは、どんな　気もちに　なりましたか。

（　　　　）気もち

②　ゆいとさんは、どんな　気もちに　なりましたか。

（　　　　）気もち

③

みなみさんは、かけっこで　二《に》いに　なり、くやしいと　おもいました。

みなみさんは、どんな　気もちに　なりましたか。

（　　　　　　）気もち

④

あいさんは、はっぴょうする　とき、はずかしくなりました。

あいさんは、どんな　気もちに　なりましたか。

（　　　　　　）気もち

⑤

りおさんは、ともだちとけんかを　して、かなしくなりました。

りおさんは、どんな　気もちに　なりましたか。

（　　　　　　）気もち

どんな 気もち ②

なまえ

がつ　にち

文《ぶん》を よんで、もんだいに こたえましょう。

①

かなさんは、いもうとと いっしょに、ゆうれいやしきに 入《はい》りました。かなさんは、とても おそろしかったです。

ゆうれいやしきに 入った とき、かなさんは どんな 気《き》もちでしたか。

（　　　　）気もち

②

はるさんは、日《にち》よう日《び》 お子《こ》さまランチを たべました。はるさんは、うれしく なりました。

はるさんは、お子さまランチを たべたとき、どんな 気もちでしたか。

（　　　　）気もち

③

さなさんは、ひとりで　るすばんを　して　いました。るすばんは　はじめてです。さなさんは、さびしく　なりました。

④

るみさんが、ほどうを　あるいて　いたら、車《くるま》が　きゅうに　とまりました。るみさんは、こわくて　はしって　かえりました。

るすばんを　はじめて　した　とき、さなさんは、どんな　気もちでしたか。

（　　　　）気もち

るみさんは、くるまが　きゅうに　とまったとき、どんな　気もちでしたか。

（　　　　）気もち

どんな 気もち ③

なまえ

がつ にち

文《ぶん》を よんで、もんだいに こたえましょう。

①

りくさんは、ドッジボールで かって、とびはねました。

りくさんの どんな ようすから、うれしい 気《き》もちが わかりますか。

（　　　　）ようすから。

②

えまさんは、百《ひゃく》てんまんてんの テストを 見《み》て、にこっと しました。

えまさんの どんな ようすから、うれしい 気もちが わかりますか。

（　　　　）と した ようすから。

③

そうすけさんが、おうだんほどうを　あるいて　いると、車《くるま》が　きゅうに　とまりました。そうすけさんは、ひやっと　して、立《た》ちどまりました。

④

かいとさんは、大《たい》せつな　本《ほん》を　なくして　しまいました。かいとさんの　目《め》が、なみだで　いっぱいでした。

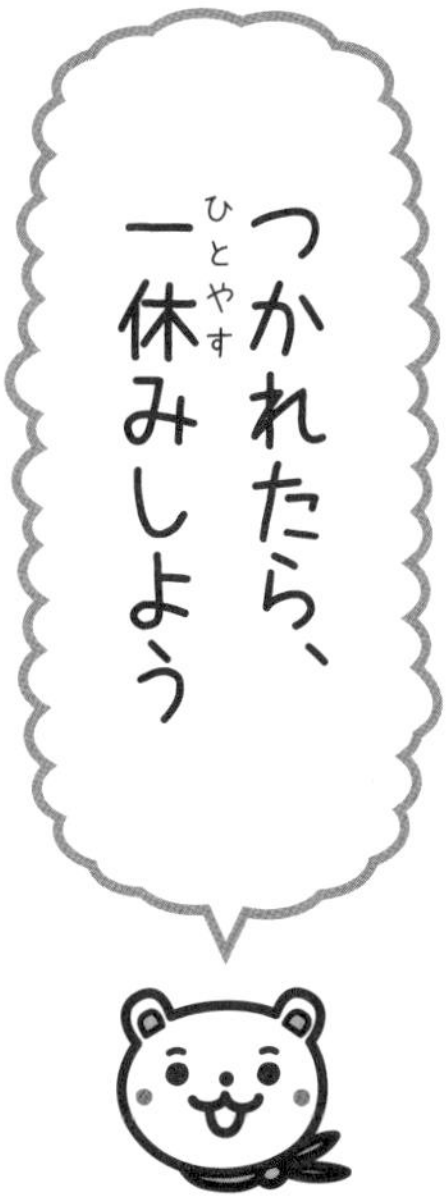

そうすけさんの　どんな　ようすから、こわい　気もちが　わかりますか。

（　　　　）と　して、立ちどまった　ようすから。

かいとさんの　どんな　ようすから、かなしい　気もちが　わかりますか。

（　　　　）の　ようすから。

こそあどことば

なまえ

がつ　にち

こそあどことばの　つかいかた

はなす人《ひと》に　ちかい

ほかにも（この　ここ）など

あい手《て》に　ちかい

ほかにも（その　そこ）など

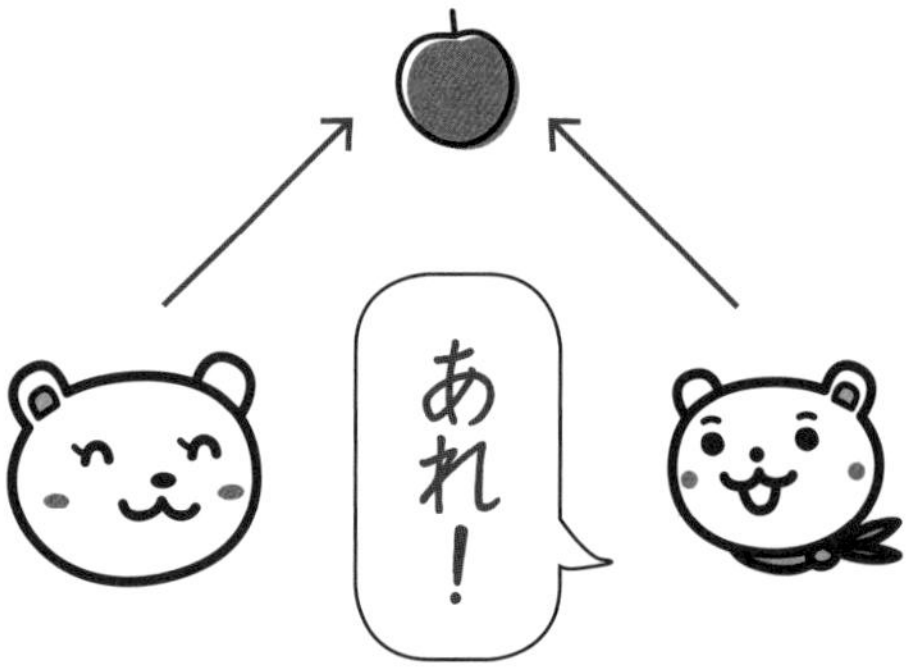

どちらからも　とおい

ほかにも（あの　あそこ）など

はなす人に　わからない

ほかにも（どの　どこ）など

（　　）に　あてはまる　ことばを　［　］から　えらんで　かきましょう。

① （　　　）で　手《て》ぶくろを　ひろった。

② 木《き》の　上《うえ》の（　　　）は、なんですか。

③ （　　　）に　いっても　見《み》あたりません。

④ いますぐ（　　　）へ　いきます。

⑤ （　　　）は　なんと　いう　どうぶつですか。

これ　どこ　あそこ　あれ　そこ

かんかくことば

なまえ

がつ　にち

あとの　もんだいに　こたえましょう。

(1)（　）に　あてはまる　ことばを　[　]から　えらんで　かきましょう。

① レモンは（　　　　）あじが　する。

② ケーキは（　　　　）あじが　する。

③ カレーは（　　　　）あじが　する。

④ おならは（　　　　）においが　する。

[あまい　すっぱい　からい　くさい]

(2)（　）に　あてはまる　ことばを　[　]から　えらんで　かきましょう。

①かに　さされたら（　　　）。

②すりきずは（　　　）。

③わきの　下《した》を　こちょこちょすると（　　　）。

④お日《ひ》さまを　見《み》ると（　　　）。

⑤こおりは（　　　）。

いたい　かゆい　つめたい　くすぐったい　まぶしい

ことばの つながり

なまえ

がつ　にち

つながる ことばを □の 中《なか》から えらんで かきましょう。

(1)

① バットを（　　　　）。

② ふくを（　　　　）。

③ はなしを（　　　　）。

④ ふえを（　　　　）。

⑤ 字《じ》を（　　　　）。

きく　ふく　ふる　かく　きる

(2)

① ボールを（　　　　）。

② こまを（　　　　）。

③ みかんを（　　　　）。

④ たいこを（　　　　）。

⑤ うたを（　　　　）。

うたう　まわす　たたく　たべる　なげる

(3)

① ふねが　一《いっ》（　　　）。

② くつが　六《ろく》（　　　）。

③ 本《ほん》が　七《なな》（　　　）。

④ いえが　十《じっ》（　　　）。

⑤ かみが　三《さん》（　　　）。

まい　そく　そう　さつ　けん

(4)

① えんぴつが　一（　　　）。

② けしごむが　二《に》（　　　）。

③ 犬《いぬ》が　五《ご》（　　　）。

④ おとこが　四《よ》（　　　）。

⑤ 車《くるま》が　八《はち》（　　　）。

こ　ひき　ぽん　にん　だい

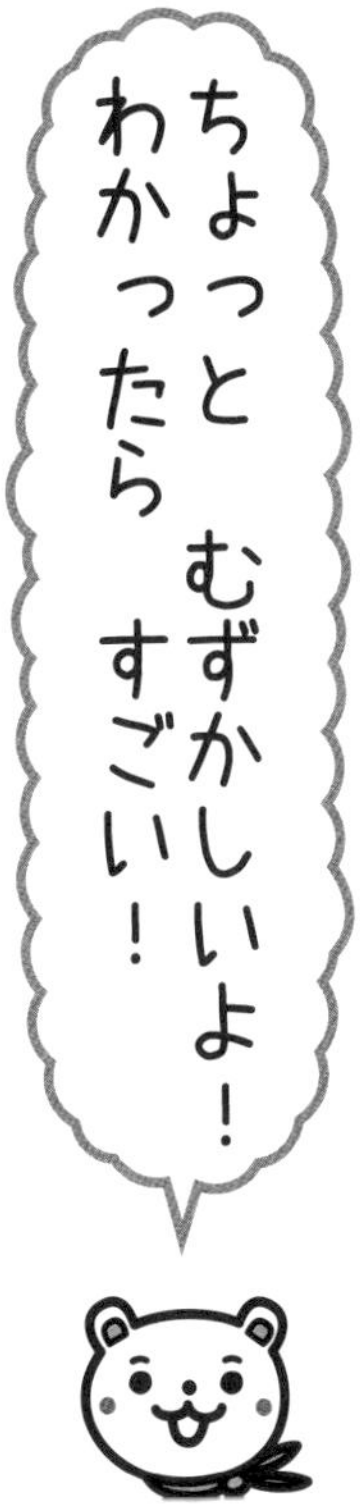

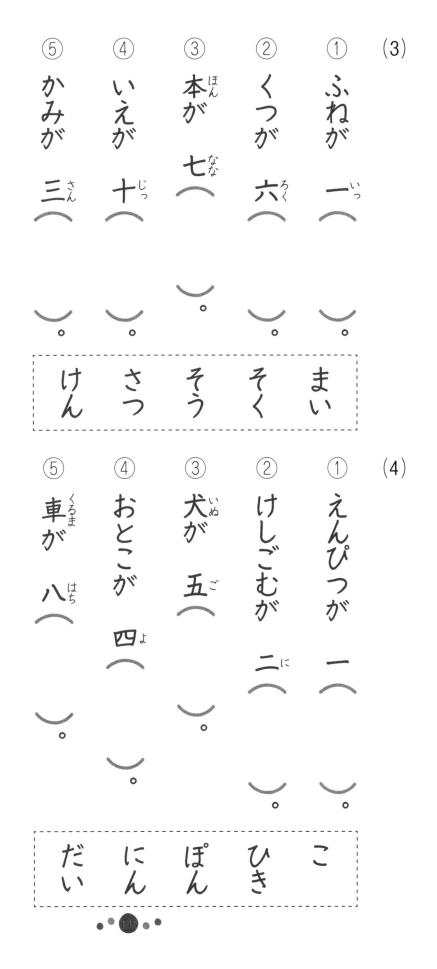

ものがたり文　おおきな　かぶ ①

なまえ

がつ　　にち

文《ぶん》を　よんで　もんだいに　こたえましょう。

おじいさんが、かぶの
たねを　まきました。
「あまい　あまい　かぶに
なれ。おおきな　おおきな
かぶに　なれ。」
あまい　あまい、
おおきな　おおきな
かぶに　なりました。

① だれが　とうじょうしましたか。

（　　　　）

② はじめに　なにを　しましたか。

□□の□□を
□□□□□。

③ どんな　かぶが　できましたか。

（　　　　）、
（　　　　）かぶ。

おじいさんは、かぶを
ぬこうと　しました。
「うんとこしょ、
どっこいしょ。」
けれども、かぶは　ぬけません。

西郷 竹彦訳『こくご 一上 かざぐるま』光村図書

④ おじいさんは、かぶを
どう　しようと　しましたか。

（　　　　と　しました。）

⑤ かぶは、どう　なりましたか。

（　　　　でした。）

ちゃんと　とりくめたね
えらいなぁ

ものがたり文　おおきな　かぶ　②

なまえ

がつ　にち

文《ぶん》を　よんで　もんだいに　こたえましょう。

おじいさんは、おばあさんを
よんで　きました。
かぶを
おじいさんが　ひっぱって、
おじいさんを
おばあさんが　ひっぱって、
「うんとこしょ、どっこいしょ。」
それでも、かぶは　ぬけません。

① おじいさんは、だれを　よんで　きましたか。

② おじいさんを　だれが　ひっぱりましたか。

おばあさんは、まごを
よんで　きました。
　かぶを
おじいさんが　ひっぱって、
おじいさんを
おばあさんが　ひっぱって、
おばあさんを
まごが　ひっぱって、
「うんとこしょ、どっこいしょ。」
□、　かぶは
ぬけません。

西郷 竹彦訳『こくご 一上 かざぐるま』光村図書

③ おばあさんは、だれを　よんで　きましたか。

（　　　　）

④ □に　入《はい》る　ことばを　えらんで　かきましょう。

（　　　　）

だから　やっぱり　もっと

⑤ かぶは、どう　なりましたか。

（　　　　でした。）

ものがたり文 おおきな かぶ ③

なまえ

がつ　にち

文《ぶん》を よんで もんだいに こたえましょう。

ねこは、 ねずみを よんで
きました。
かぶを
おじいさんが ひっぱって、
おじいさんを
おばあさんが ひっぱって、
おばあさんを
まごが ひっぱって、

① かぶを ひっぱる じゅんばんに □に かん字《じ》で すう字を かきましょう。

おじいさん	一
いぬ	□
ねずみ	□
ねこ	□
おばあさん	□
まご	□

まごを
いぬが　ひっぱって、
いぬを
ねこが　ひっぱって、
ねこを
ねずみが　ひっぱって、
「うんとこしょ、
どっこいしょ。」
□、
かぶは　ぬけました。

西郷 竹彦訳『こくご 一上 かざぐるま』光村図書

② かぶを　ひっぱる　ときの　かけごえを　かきましょう。

「　　　　」

③ □に　入《はい》る　ことばを　えらんで　かきましょう。

しかし　とうとう　まだ

④ かぶは　なぜ　ぬけたと　おもいますか。

からだと　おもいます。

ものがたり文　くじらぐも①

なまえ

がつ　にち

文《ぶん》を　よんで　もんだいに　こたえましょう。

四《よ》じかんめの　ことです。一《いち》ねん二《に》くみの　子《こ》どもたちが　たいそうを　して　いると、空《そら》に、大《おお》きな　くじらが　あらわれました。まっしろい　くもの　くじらです。「一、二、三《さん》、四《し》。」くじらも、たいそうを　はじめました。のびたり　ちぢんだり　して、しんこきゅうも　しました。

① いつの　ことですか。

（　　　　）

② だれが　なにを　して　いましたか。

（　　　　）が

（　　　　）を　して　いました。

③ どこに　なにが　あらわれましたか。

みんなが　かけあしで　うんどうじょうを　まわると、くもの　くじらも、空を　まわりました。

なかがわ りえこ『こくご 一下 ともだち』光村図書

（　　　）に（　　　）が　あらわれました。

④ くじらは　どんな　たいそうを　しましたか。

（　　　）たり（　　　）だり　して（　　　）も　しました。

⑤ くじらは　ほかに　どう　しましたか。

（　を　　　）。

きっと　できる！

ものがたり文　くじらぐも ②

なまえ

がつ　にち

文《ぶん》を　よんで　もんだいに　こたえましょう。

みんなは、手《て》を　つないで、まるい　わに　なると、

「天《てん》まで　とどけ、一《いち》、二《に》、三《さん》。」

と　ジャンプしました。でも、とんだ　のは、やっと　三十《さんじっ》センチぐらいで　す。

「もっと　たかく。もっと　たかく。」

と、くじらが　おうえんしました。

① みんなは、手を　つないで　わに　なって、どう　しましたか。

「（　　　　　）。」と　□□□□　しました。

② 一《いっ》かい目《め》は、どのくらい　とべましたか。

（　　　　　ぐらい）

「天まで　とどけ、一、二、三。」

こんどは、五十《ごじっ》センチぐらい　とべ
ました。

「もっと　たかく。もっと　たかく。」

と、くじらが　おうえんしました。

「天まで　とどけ、一、二、三。」

その　ときです。

いきなり、かぜが、みんなを　空《そら》へ
ふきとばしました。

なかがわ りえこ『こくご 一下 ともだち』光村図書

③ 二かい目は　どのくらい　とべましたか。

（　　　　ぐらい）

④ くじらは、なんと　いって　おうえんしましたか。

「（　　　　　　　　）」

⑤ 三かい目は　どう　なりましたか。

いきなり、□□が、□□□を
□へ□□□□□ました。

ものがたり文

おかゆの おなべ ①

なまえ

がつ　にち

文《ぶん》を よんで もんだいに こたえましょう。

まずしいけれども、こころの やさしい 女《おんな》の子《こ》が いました。女の子は おかあさんと ふたりで くらして いましたが、うちには たべる ものが なにも ありませんでした。ある とき、女の子が、森《もり》に たべものを さがしに いくと、むこうか

① どんな 女の子が いましたか。

□□□□けれども、こころの
□□□□女の子。

② だれと くらして いましたか。

（　　　　　）

③ □に ことばを かきましょう。

女の子の うちには たべる ものが
なにも □□□□□。

ら　おばあさんが　やって　きました。
「こんな　ところで、なにを　して　いるんだね。」
おばあさんに　たずねられ、女の子は　はずかしそうに　こたえました。
「のいちごを　さがして　いるの。おかあさんと　いっしょに　たべようと　おもって。」

さいとう ひろし『こくご 一下 ともだち』光村図書

④ 女の子は　どこに　たべものを　さがしに　いきましたか。

（　　　　）

⑤ むこうから　やって　きたのは　だれでしょう。

（　　　　）

⑥ 女の子は　おばあさんに　なんと　こたえましたか。

「□□□□を　さがして　いるの。□□□□□と　いっしょに　たべようと　おもって。」

ものがたり文　おかゆの　おなべ②

なまえ

がつ　にち

文《ぶん》を　よんで　もんだいに　こたえましょう。

うちに　かえると、女《おんな》の子《こ》は　おなべに　むかって、
「なべさん、なべさん。にて　おくれ。」
と　いいました。
すると、いきなり　おなべが　ぐらぐら　にえだし、中《なか》から、うんじゃらうんじゃら、おかゆが　出《で》て　きました。

① うちに　かえると、女の子は　おなべに　むかって　なんと　いいましたか。
「なべさん、なべさん。
□□□□□。」

② すると、どうなりましたか。
いきなり　おなべが　□□□□　にえだし、中から、うんじゃら　うんじゃら、□□□が　出て　きました。

これには、おかあさんも　大《おお》よろこびです。ふたりとも、おなかが　いっぱいに　なると、女の子は　おなべに　むかって　いいました。

「なべさん、なべさん。とめとくれ。」

すると、おなべは　ぴたりと　とまって、おかゆは　出なく　なりました。

　こんな　ふうに　して、女の子と　おかあさんは、たべものに　こまる　ことが　なく　なりました。

さいとう ひろし『こくご 一下 ともだち』光村図書

③ おかあさんは　どんな　ようすですか。

大□□□□です。

④ 女の子が　なんと　いうと　おかゆは　出なく　なりましたか。

「（　　　　）」

⑤ 女の子と　おかあさんは　どうなりましたか。

□□□□に　こまる　ことが　□□□□ました。

ものがたり文　おかゆの　おなべ　③

なまえ

がつ　にち

文《ぶん》を　よんで　もんだいに　こたえましょう。

けれども、おかあさんは、おなべを　とめようと　して、はっと　しました。いつも、おなべに　むかって　じゅもんを　いうのは、女《おんな》の子《こ》の　やくめだったので、おかあさんは、とめる　ときの　じゅもんを　よく　しらなかったのです。

そこで、おかあさんは、

① おかあさんは　おなべを　とめよう　として　どうしましたか。

［　　　］しました。

② それは　なぜですか。

とめる　ときの［　　　　］を　よく　しらなかったから。

③ どうして　しらなかったのですか。

［　　　］の　やくめだったから。

「なべさん、なべさん。やめとくれ。」

と、いって　みました。

もちろん、なべは　とまりません。

つぎに、おかあさんは、

「なべさん、なべさん。おわりだよ。」

と、いって　みました。
□　なべは　とまりません。

さいとう ひろし『こくご 一下 ともだち』光村図書

④ おかあさんは　さいしょに　なんと　いいましたか。
「なべさん、なべさん。
□□□□□。」

⑤ つぎに　なんと　いいましたか。
「なべさん、なべさん。
□□□□□。」

⑥ □に　入《はい》る　ことばは　どちらですか。（　）に　○を　つけましょう。

（　）とうとう
（　）やっぱり

ものがたり文　たぬきの　糸車①

なまえ

がつ　にち

文《ぶん》を　よんで　もんだいに　こたえましょう。

むかし、ある　山《やま》おくに、きこりの　ふうふが　すんで　いました。山おくの　一《いっ》けんやなので、まいばんのように　たぬきが　やって　きて、いたずらを　しました。そこで、きこりは　わなを　しかけました。

ある　月《つき》の　きれいな　ばんの　こと、おかみさんは、糸車《いとぐるま》を　まわして、糸を　つむいで　いました。

① むかし、ある　山おくに　だれが　すんで　いましたか。

（　　　　　）の　ふうふ

② なぜ、きこりは　わなを　しかけたのですか。

□□□□が　やって　きて、□□□□を　するから。

③ 糸車の　まわる　音《おと》は　どんな　音ですか。

キーカラカラ　キーカラカラ
キークルクル　キークルクル

ふと　気《き》が　つくと、やぶれしょうじの　あなから、二《ふた》つの　くりくりした　目玉《めだま》が、こちらを　のぞいて　いました。

糸車が　キークルクルと　まわるに　つれて、二つの　目玉も、くるりくるりと　まわりました。そして、月の　あかるい　しょうじに、糸車を　まわす　まねを　する　たぬきの　かげが　うつりました。

きし なみ『こくご 一下 ともだち』光村図書

④ やぶれしょうじの　あなから　のぞいて　いたのは　なんですか。

（　　　　）

二つの（　　　　）

⑤ しょうじに　うつった　ものは　なにですか。

（　　　　）を　まわす（　　　　）を　する（　　　　）の　かげ。

きこりは　木《き》を　きる　しごとを　する　人《ひと》です。
おかみさんは　おくさんの　ことです。

ものがたり文 たぬきの 糸車 ②

なまえ

がつ　にち

文《ぶん》を よんで もんだいに こたえましょう。

それからと いう もの、たぬきは、まいばん まいばん やって きて、糸車《いとぐるま》を まわす まねを くりかえしました。
「いたずらもんだが、かわいいな。」
ある ばん、こやの うらで、キャーッと いう さけびごえが しました。おかみさんが こわごわ いって みると、いつもの たぬき

① たぬきは、まいばん やって きて、なにを くりかえしましたか。

（　　　　　　　　）まね

② おかみさんは、たぬきの ことを どう おもって いましたか。

「（　　　　　　　　）」

が、わなに　かかって　いました。

「かわいそうに。わなに　なんか　かかるんじゃ　ないよ。たぬきじるに　されて　しまうで。」

おかみさんは、そう　いって、たぬきを　にがして　やりました。

きしなみ『こくご 一下 ともだち』光村図書

③ おかみさんが　いって　みると　たぬきは　どうなって　いましたか。

（　　　　）に（　　　　）。

④ おかみさんは、たぬきを　どうして　やりましたか。

（　　　　）やりました。

⑤ どんな　おかみさんだと　おもいますか。一《ひと》つに　○を　つけましょう。

（　）こわい　おかみさん
（　）やさしい　おかみさん
（　）いじわるな　おかみさん

ものがたり文 たぬきの 糸車 ③

なまえ

がつ　にち

文《ぶん》を よんで もんだいに こたえましょう。

とを あけた とき、おかみさんは、あっと おどろきました。いたの間《ま》に、白《しろ》い 糸《いと》の たばが、山《やま》のように つんで あったのです。そのうえ、ほこりだらけの はずの 糸車《いとぐるま》には、まきかけた 糸まで かかって います。

「はあて、ふしぎな。どう した こっちゃ。」

① とを あけた とき、おかみさんは どうして おどろいたのですか。

いたの間に （　　　　） が 山のように つんで あったから。

② 糸車には、なにが かかって いましたか。

（　　　　）

おかみさんは、そう　おもいながら、土間《どま》で　ごはんを　たきはじめました。すると、
キーカラカラ　キーカラカラ
キークルクル　キークルクル
と、糸車の　まわる　音《おと》が、きこえて　きました。びっくりして　ふりむくと、いたどの　かげから、ちゃいろの　しっぽが　ちらりと　見《み》えました。
そっと　のぞくと、いつかの　たぬきが、じょうずな　手《て》つきで、糸を　つむいで　いるのでした。

きし なみ『こくご 一下 ともだち』光村図書

③おかみさんは、どう　おもいましたか。

「（　　　　）」

④いたどの　かげから　なにが　見えましたか。

（　　　　の　　　　）

⑤たぬきは　なにを　して　いましたか。

□□□□な　□□□で
□を　□□□□いました。

せつめい文 くちばし ①

なまえ

がつ　にち

1 文《ぶん》を　よんで　もんだいに　こたえましょう。

さきが
するどく　とがった
くちばし　です。
これは、なんの
くちばしでしょう。

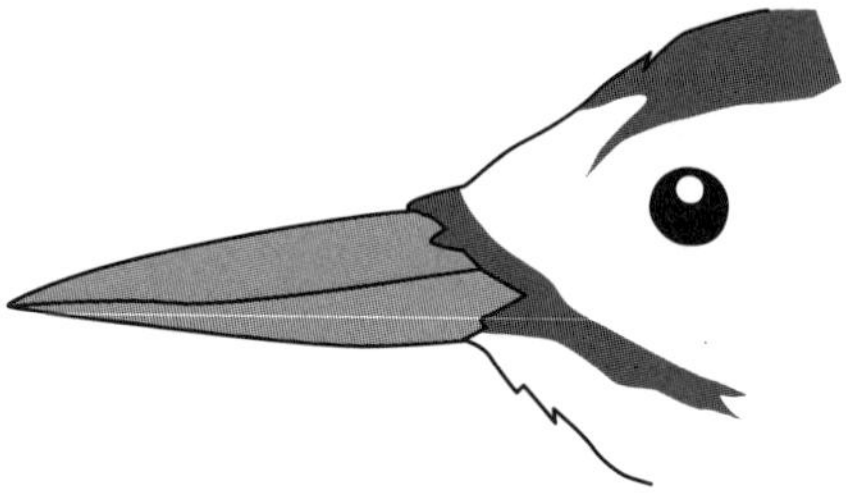

『こくご 一上 かざぐるま』光村図書

① どんな　くちばしでしょう。

さきが　□□□□　□□□□　くちばし。

② しつもんを　して　いる　文を　かきましょう。

これは、□□の□□□□
でしょう。

② 文を よんで もんだいに こたえましょう。

これは、きつつきの くちばしです。
きつつきは、とがった くちばしで、
きに あなを あけます。
そして きの なかに
いる むしを たべます。

『こくご 一上 かざぐるま』光村図書

① なんの くちばしでしょう。

□□□□

② とがった くちばしで なにを し ますか。

□に □□を □□□□。

③ なにを たべますか。

□の なかに いる □□。

せつめい文 くちばし②

なまえ

がつ　にち

① 文《ぶん》を よんで もんだいに こたえましょう。

ほそくて、
ながく のびた
くちばしです。
これは、なんの
くちばしでしょう。

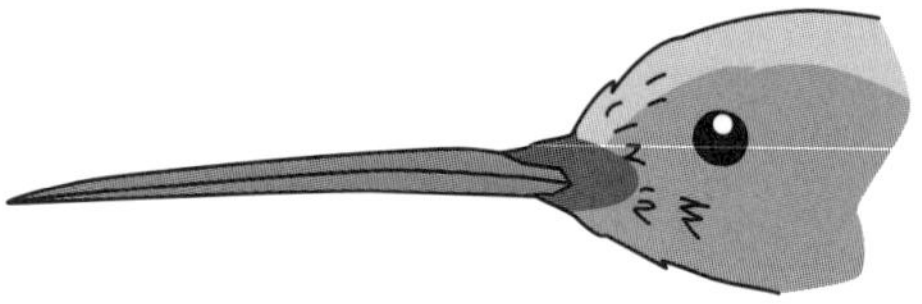

『こくご 一上 かざぐるま』光村図書

① どんな くちばしでしょう。

□□□□、ながく □□□ くちばし。

② しつもんを して いる 文を かきましょう。

□□□、なんの □□□□ でしょう。

② 文を　よんで　もんだいに　こたえましょう。

これは、はちどりの　くちばしです。
はちどりは、ほそながい
くちばしを、はなの　なかに
いれます。
そして、はなの　みつを　すいます。

『こくご　一上　かざぐるま』光村図書

① なんの　くちばしでしょう。

□□□□

② ほそながい　くちばしを　どこに
いれますか。

□□の　□□に　いれます。

③ なにを　すいますか。

□□の　□□

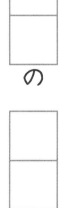

せつめい文 いろいろな ふね

なまえ

がつ　にち

1 文《ぶん》を よんで もんだいに こたえましょう。

きゃくせんは、 たくさんの 人《ひと》を
はこぶ ための ふねです。
この ふねの 中《なか》には、 きゃくし
つや しょくどうが あります。
人は、 きゃくしつで 休《やす》んだり、
しょくどうで しょくじを したり
します。

『あたらしいこくご 一下』 東京書籍

① きゃくせんは なんの ための ふねですか。

（　　　　）を（　　　　）ための ふね。

② ふねの 中には、 なにが ありますか。

（　　　　）や（　　　　）。

②　文を　よんで　もんだいに　こたえましょう。

フェリーボートは、たくさんの人と　じどう車《しゃ》を　いっしょに　はこぶ　ための　ふねです。

この　ふねの　中には、きゃくしつや　車《くるま》を　とめて　おく　ところが　あります。

人は、車を　ふねに　入《い》れてから、きゃくしつで　休みます。

『あたらしいこくご一下』東京書籍

① フェリーボートは、なんの　ための　ふねですか。

（　　　　　と　　　　　）を

（　　　　　）ための　ふね。

② ふねの　中には、なにが　ありますか。

（　　　　　）や

（　　　　　ところ）。

せつめい文 どうやって みを まもるのかな ①

なまえ

がつ　にち

❶ 文《ぶん》を よんで もんだいに こたえましょう。

これは、やまあらしです。
やまあらしの せなかには、
ながくて かたい とげが あります。
どのように して
みを まもるのでしょう。

『あたらしい こくご上』東京書籍

① これは なんと いう どうぶつで しょう。

（　　　　　）

② やまあらしの せなかには なにが あるでしょう。

ながくて （　　　　　）。

③ しつもんを して いる 文に せんを ひきましょう。

② 文を よんで もんだいに こたえましょう。

やまあらしは、
とげを たてて、みを まもります。
てきが きたら、
うしろむきに なって、
とげを たてます。

『あたらしい こくご上』東京書籍

① やまあらしは どのように して みを まもるのでしょう。

（　　　　　　　　　　）、
みを まもります。

② てきが きたら やまあらしは、どうなって とげを たてるでしょう。

（　　　　　　　　　　）、
とげを たてます。

せつめい文

どうやって みを まもるのかな ②

なまえ

がつ　にち

1 文《ぶん》を　よんで　もんだいに　こたえましょう。

これは、あるまじろです。
あるまじろの　からだの　そとがわは、
かたい　こうらに　なって　います。
どのように　して
みを　まもるのでしょう。

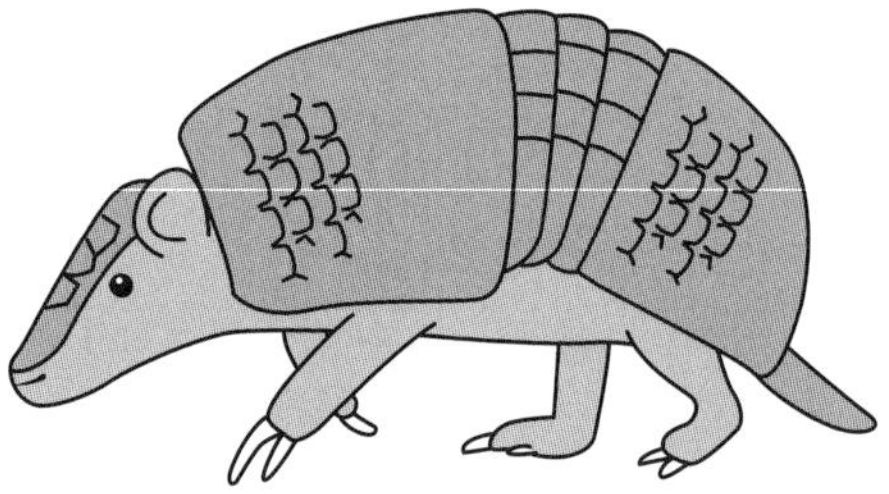

『あたらしい　こくご上』東京書籍

① これは　なんと　いう　どうぶつで
しょう。

（　　　　　　　　）

② あるまじろの　からだの　そとがわ
は　どうなって　いるのでしょう。

（　　　　　　　　）に　なって
います。

③ しつもんを　して　いる　文に　せ
んを　ひきましょう。

② 文を　よんで　もんだいに　こたえましょう。

あるまじろは、
からだを　まるめて、
みを　まもります。
てきが　きたら、
こうらだけを　みせて、
じっとして　います。

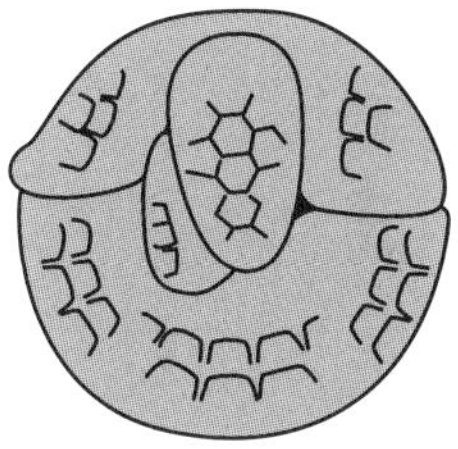

『あたらしい こくご上』東京書籍

① あるまじろは　どのように　して
みを　まもるのでしょう。

（　　を　　）、
みを　まもります。

② てきが　きたら、あるまじろは　どのようにして　じっとして　いるでしょう。

（　　を　　）、
じっとして　います。

せつめい文 じどう車くらべ ①

なまえ

がつ　にち

文《ぶん》を　よんで　こたえましょう。

バスや　じょうよう車《しゃ》は、
人《ひと》を　のせて　はこぶ
しごとを　して　います。
その　ために、
ざせきの　ところが、
ひろく　つくって　あります。
そとの　けしきが

① なにと　なにの　車《くるま》に　ついて　かいて　ありますか。

（　　　）と（　　　）。

② ①は、どんな　しごとを　して　いますか。

（しごと。）

③ ざせきの　ところは　どうなって　いますか。

（　　　）

よく　見《み》えるように、
大《おお》きな　まどが
たくさん　あります。

『こくご　一下　ともだち』光村図書

④　どんな　まどが　ありますか。

（　まど　）

⑤　④は、なんの　ため　ですか。

□□の□□□が
よく□□□□□□
するため。

ガンバレ♪
ガンバレ♪

せつめい文 じどう車くらべ ②

なまえ

がつ　にち

1 文《ぶん》を　よんで　もんだいに　こたえましょう。

トラックは、
にもつを　はこぶ
しごとを　して　います。
その　ために、
うんてんせきの　ほかは、
ひろい　にだいに
なって　います。
おもい　にもつを　のせる
トラックには、タイヤが
たくさん　ついて　います。

『こくご　一下　ともだち』光村図書

① トラックは、どんな　しごとを　しますか。

（　　　　しごと。）

② うんてんせきの　ほかは　どう　なって　いますか。

（　　　　）に　なって　います。

2 文を　よんで　もんだいに　こたえましょう。

クレーン車《しゃ》は、おもい　ものを
つり上《あ》げる　しごとを
して　います。
その　ために、
じょうぶな　うでが、
のびたり　うごいたり
するように、つくって　あります。
車たいが　かたむかないように、
しっかりした　あしが、
ついて　います。

『こくご　一下　ともだち』光村図書

① クレーン車は、どんな　しごとを　しますか。

（しごと。）

② じょうぶな　うでは、どのように　つくって　ありますか。

（　　　）たり（　　　）たり　するように　つくって　あります。

③ 車たいが　かたむかないように、どんな　あしが、ついて　いますか。

（あし）

せつめい文 どうぶつの 赤ちゃん ①

なまえ

がつ　にち

文《ぶん》を よんで もんだいに こたえましょう。

ライオンの 赤《あか》ちゃんは、生《う》まれた ときは、子《こ》ねこぐらいの 大《おお》きさです。目《め》や 耳《みみ》は、とじた ままです。ライオンは、どうぶつの 王《おう》さまと いわれます。

□、赤ちゃんは、よわよわしくて、おかあさんに あまり にて いません。

ライオンの 赤ちゃんは、じぶんでは あるく ことが できま

① ライオンの 赤ちゃんは 生まれた ときは、どれぐらいの 大きさですか。

（　　　　ぐらい）

② ライオンは どうぶつの なんと いわれますか。

どうぶつの（　　　　）

せん。よそへ いくときは、おかあさんに、口《くち》に くわえて はこんで もらうのです。
ライオンの 赤ちゃんは、生まれて 二《に》か月《げつ》ぐらいは、おちちだけ のんで いますが、やがて、おかあさんの とった えものを たべはじめます。

ますい みつこ『こくご 一下 ともだち』光村図書

③ □の 中《なか》に 入《はい》る ことばを ┆┆の 中から えらんで かきましょう。

┆ だから　けれども　そして ┆

□

④ おちちだけを、のんで いるのは、なんか月ぐらいですか。

（　　　　ぐらい　）

せつめい文 どうぶつの 赤ちゃん②

なまえ

がつ　にち

文《ぶん》を よんで もんだいに こたえましょう。

しまうまの 赤《あか》ちゃんは、生《う》まれた ときに、もう やぎぐらいの 大《おお》きさが あります。目《め》は あいて いて、耳《みみ》も ぴんと 立《た》って います。しまの もようも ついて いて、おかあさんに そっくりです。

しまうまの 赤ちゃんは、生まれて 三十《さんじっ》ぷんも たたない う

① しまうまの 赤ちゃんは 生まれた ときは、どれぐらいの 大きさですか。

（　　　　ぐらい）

② 生まれて どれくらいで、立ち上がりますか。

（　　　　）も たたないうち。

ちに、じぶんで　立ち上《あ》がります。
そして、つぎの　日《ひ》には、はしる
ように　なります。□、つよ
い　どうぶつに　おそわれても、
おかあさんや　なかまと　いっし
ょに　にげる　ことが　できるの
です。
　しまうまの　赤ちゃんが、おか
あさんの　おちちだけ　のんで
いるのは、たった　七日《なのか》ぐらいの
あいだです。

ますい みつこ『こくご 一下 ともだち』光村図書

③ □の　中《なか》に　入《はい》る　ことばを、かきま
□の　中から　えらんで
しょう。

（　　　　）

だけど　しかし　だから

④ おちちだけを　のんで　いるのは、
なん日《にち》ぐらいの　あいだですか。

（　　　ぐらい）の　あいだ

せつめい文 どうぶつの 赤ちゃん ③

なまえ

がつ　にち

文《ぶん》を よんで もんだいに こたえましょう。

カンガルーの 赤《あか》ちゃんは、生《う》まれた ときは、たいへん 小《ちい》さくて、一円玉《いちえんだま》ぐらいの おもさです。目《め》も 耳《みみ》も、どこに あるのか、まだ よく わかりません。はっきり わかるのは、口《くち》と まえあしだけです。
それでも、この 赤ちゃんは、小さな まえあしで、おかあさんの おなかに はい上《あ》がって いきま

① カンガルーの 赤ちゃんは 生まれた ときは、どれぐらいの おもさですか。

（　　　　ぐらい）

② 赤ちゃんは、じぶんの ちからで おかあさんの どこに 入りますか。

（　　　の　　　）

す。そして、じぶんの　ちからで、おなかの　ふくろに　入《はい》ります。カンガルーの　赤ちゃんは、小さくても、おかあさんの　おなかの　ふくろに　まもられて　あんぜんなのです。

　カンガルーの　赤ちゃんは、ふくろの　中《なか》で、おかあさんの　おちちを　のんで　大《おお》きく　なります。そうして、六《ろっ》か月《げつ》ほど　たつと、ふくろの　そとに　出《で》て、じぶんで　草《くさ》も　たべるように　なります。

ますい みつこ『こくご 一下 ともだち』光村図書

③ どれほど　たつと、ふくろの　そとに　出ますか。

（　　　　ほど）

④ ふくろの　そとに　出て、なにを　たべるように　なりますか。

（　　　　）

がんばったね!

学力の基礎をきたえどの子も伸ばす研究会

HPアドレス　http://gakuryoku.info/

常任委員長　岸本ひとみ
事務局　〒675-0032 加古川市加古川町備後 178－1－2－102 岸本ひとみ方 ☎・Fax 079－425－8781

① めざすもの

私たちは、すべての子どもたちが、日本国憲法と子どもの権利条約の精神に基づき、確かな学力の形成を通して豊かな人格の発達が保障され、民主平和の日本の主権者として成長することを願っています。しかし、発達の基盤ともいうべき学力の基礎を鍛えられないまま落ちこぼれている子どもたちが普遍化し、「荒れ」の情況があちこちで出てきています。

私たちは、「見える学力、見えない学力」を共に養うこと、すなわち、基礎の学習をやり遂げさせることと、読書やいろいろな体験を積むことを通して、子どもたちが「自信と誇りとやる気」を持てるようになると考えています。

私たちは、人格の発達が歪められている情況の中で、それを克服し、子どもたちが豊かに成長するような実践に挑戦します。

そのために、つぎのような研究と活動を進めていきます。

① 「読み・書き・計算」を基軸とした学力の基礎をきたえる実践の創造と普及。
② 豊かで確かな学力づくりと子どもを励ます指導と評価の探究。
③ 特別な力量や経験がなくても、その気になれば「いつでも・どこでも・だれでも」ができる実践の普及。
④ 子どもの発達を軸とした父母・国民・他の民間教育団体との協力、共同。

私たちの実践が、大多数の教職員や父母・国民の方々に支持され、大きな教育運動になるよう地道な努力を継続していきます。

② 会　　員

- 本会の「めざすもの」を認め、会費を納入する人は、会員になることができる。
- 会費は、年 4000 円とし、7 月末までに納入すること。①または②

①郵便振替　口座番号　００９２０－９－３１９７６９
　名　　称　学力の基礎をきたえどの子も伸ばす研究会

②ゆうちょ銀行
　店番０９９　店名〇九九《ゼロキュウキュウ》店　当座０３１９７６９

- 特典　研究会をする場合、講師派遣の補助を受けることができる。
　大会参加費の割引を受けることができる。
　学力研ニュース、研究会などの案内を無料で送付してもらうことができる。
　自分の実践を学力研ニュースなどに発表することができる。
　研究の部会を作り、会場費などの補助を受けることができる。
　地域サークルを作り、会場費の補助を受けることができる。

③ 活　　動

全国家庭塾連絡会と協力して以下の活動を行う。

- 全 国 大 会　全国の研究、実践の交流、深化をはかる場とし、年１回開催する。通常、夏に行う。
- 地域別集会　地域の研究、実践の交流、深化をはかる場とし、年１回開催する。
- 合宿研究会　研究、実践をさらに深化するために行う。
- 地域サークル　日常の研究、実践の交流、深化の場であり、本会の基本活動である。
　可能な限り月１回の月例会を行う。会場費の補助を受けることができる。
- 全国キャラバン　地域の要請に基づいて講師派遣をする。

全国家庭塾連絡会

① めざすもの

私たちは、日本国憲法と子どもの権利条約の精神に基づき、すべての子どもたちが確かな学力と豊かな人格を身につけて、わが国の主権者として成長することを願っています。しかし、わが子も含めて、能力があるにもかかわらず、必要な学力が身につかないままになっている子どもたちがたくさんいることに心を痛めています。

私たちは学力研が追究している教育活動に学びながら、「全国家庭塾連絡会」を結成しました。

この会は、わが子に家庭学習の習慣化を促すことを主な活動内容とする家庭塾運動の交流と普及を目的としています。

私たちの試みが、多くの父母や教職員、市民の方々に支持され、地域に根ざした大きな運動になるよう学力研と連携しながら努力を継続していきます。

② 会　　員

本会の「めざすもの」を認め、会費を納入する人は会員になれる。
会費は年額 1000 円とし（団体加入は年額 2000 円）、8 月末までに納入する。
会員は会報や連絡交流会の案内、学力研集会の情報などをもらえる。

事務局　〒564-0041　大阪府吹田市泉町 4－29－13　影浦邦子方　☎・Fax 06－6380－0420
郵便振替　口座番号　００９００－１－１０９９６９　　名称　全国家庭塾連絡会

国語習熟プリント　小学１年生

2020年８月30日　発行

著　者　雨越　康子

編　集　金井　敬之・川岸　雅詩

発行者　面屋　洋

企　画　フォーラム・A

発行所　清風堂書店
〒530-0057　大阪市北区曽根崎２-11-16
TEL 06-6316-1460／FAX 06-6365-5607
http://seifudo.co.jp

制作編集担当　樫内　真名生　☆☆　0123
表紙デザイン　ウエナカデザイン事務所
印　刷　株式会社関西共同印刷所
製　本　株式会社高廣製本

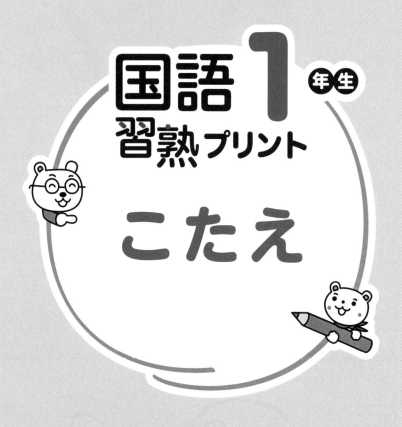

国語1年生 習熟プリント

こたえ

こたえかたのワンポイントアドバイスつき！

うんぴつ ①

なまえ

がつ にち

ぬりまるくん 児童《じどう》かきかた研究所《けんきゅうじょ》

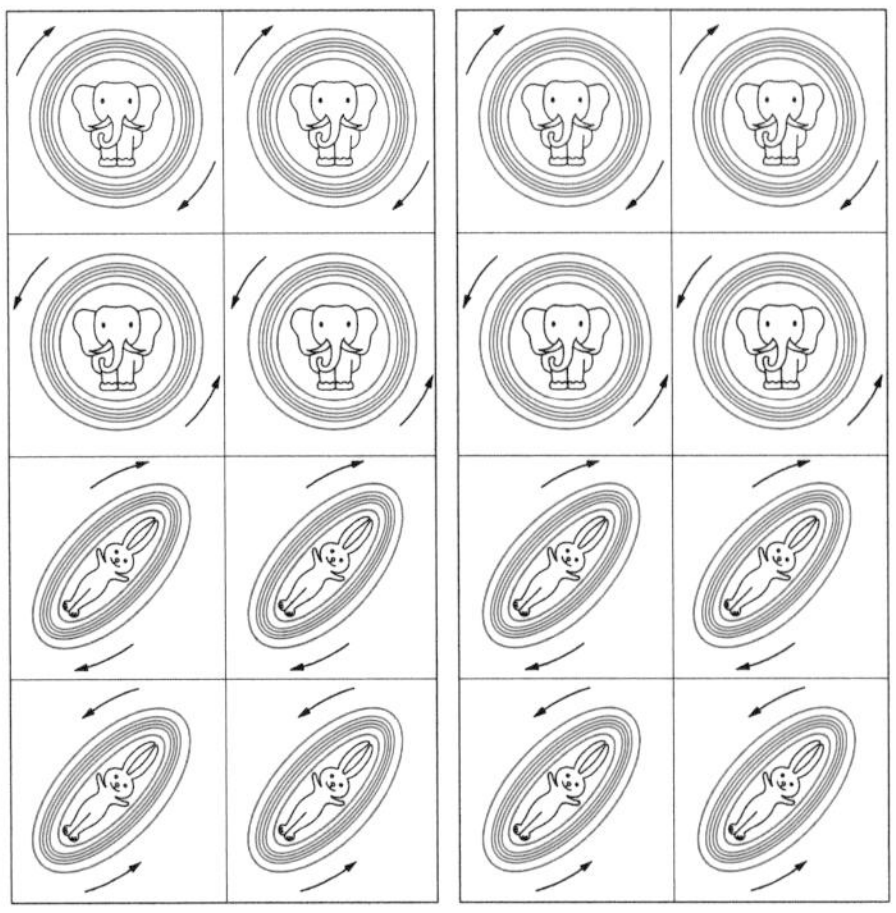

やりかた

① すきな いろえんぴつを えらびましょう。
② そとがわの えんを、やじるしの ほうこうに なぞります。
③ うちがわの えんを、やじるしの ほうこうに なぞります。
④ えんと えんの あいだを、やじるしの ほうこうに たくさん せんを ひきます。

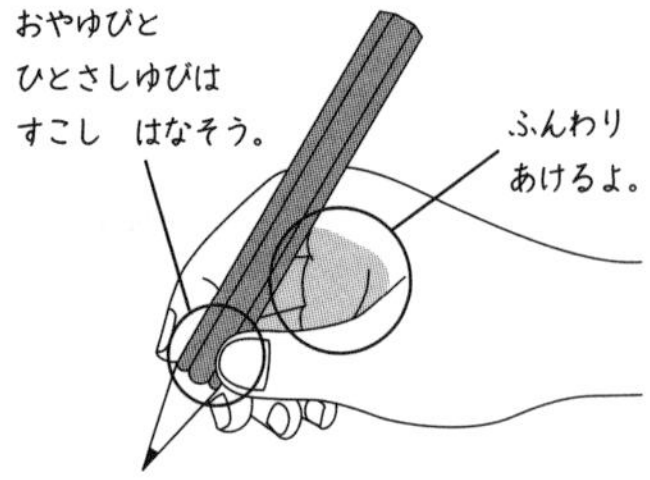
おやゆびと
ひとさしゆびは
すこし はなそう。
ふんわり
あけるよ。

ここで ささえるよ。
さんかくを
つくろう。

ては らくに して、
ゆっくり かこうね！

うんぴつ ②

なまえ

がつ にち

ていねいに なぞりましょう。

なぞりおわったら、
いろを ぬって
たのしんでね！

ひらがな ①

なまえ

がつ　にち

① ばんごうじゅんに　はみださないように　かきましょう。

1	あ	い	う	え	お
2	あ	い	う	え	お
3	あ	い	う	え	お
4	あ	い	う	え	お
5	あ	い	う	え	お
6	あ	い	う	え	お
7	あ	い	う	え	お
8	あ	い	う	え	お
9	あ	い	う	え	お
10	あ	い	う	え	お

② ていねいに　なぞりましょう。

あ　あし、あめ、あひる

い　いか、いぬ、いわやま

う　うめ、うちわ、うす

え　えさ、えき、えんそく

お　おんな、おとこ、おの

ひらがな ②

なまえ

がつ　にち

① ばんごうじゅんに　はみださないように　かきましょう。

1	か	き	く	け	こ
2	か	き	く	け	こ
3	か	き	く	け	こ
4	か	き	く	け	こ
5	か	き	く	け	こ
6	か	き	く	け	こ
7	か	き	く	け	こ
8	か	き	く	け	こ
9	か	き	く	け	こ
10	か	き	く	け	こ

② ていねいに　なぞりましょう。

か　かい、かめ、かもめ

き　きいろ、きん、きつね

く　くるま、くま、くすり

け　けいと、ける、けいこ

こ　こま、こい、こけし

ひらがな③

なまえ　　がつ　　にち

① ばんごうじゅんに　はみださないように　かきましょう。

1	さ	し	す	せ	そ
2	さ	し	す	せ	そ
3	さ	し	す	せ	そ
4	さ	し	す	せ	そ
5	さ	し	す	せ	そ
6	さ	し	す	せ	そ
7	さ	し	す	せ	そ
8	さ	し	す	せ	そ
9	さ	し	す	せ	そ
10	さ	し	す	せ	そ

② ていねいに　なぞりましょう。

さ　さそり、さとう、さる
し　しせい、しろ、しか
す　すいか、すみれ、すし
せ　せなか、せんろ、せみ
そ　そふ、そらまめ、そり

「そふ」は　おじいさんの　ことだよ。
おばあさんは　「そぼ」と　いうよ。

ひらがな④

なまえ　　がつ　　にち

① ばんごうじゅんに　はみださないように　かきましょう。

1	た	ち	つ	て	と
2	た	ち	つ	て	と
3	た	ち	つ	て	と
4	た	ち	つ	て	と
5	た	ち	つ	て	と
6	た	ち	つ	て	と
7	た	ち	つ	て	と
8	た	ち	つ	て	と
9	た	ち	つ	て	と
10	た	ち	つ	て	と

② ていねいに　なぞりましょう。

た　たいこ、たこ、たんぼ
ち　ちえ、ちから、ちず
つ　つくし、つくえ、つえ
て　てつ、てんき、てまり
と　とし、とり、とけい

ひらがな ⑤

なまえ

がつ　にち

① ばんごうじゅんに　はみださないように　かきましょう。

	な	に	ぬ	ね	の
1	な	に	ぬ	ね	の
2	な	に	ぬ	ね	の
3	な	に	ぬ	ね	の
4	な	に	ぬ	ね	の
5	な	に	ぬ	ね	の
6	な	に	ぬ	ね	の
7	な	に	ぬ	ね	の
8	な	に	ぬ	ね	の
9	な	に	ぬ	ね	の
10	な	に	ぬ	ね	の

② ていねいに　なぞりましょう。

な　なつ、なのはな、なし

に　にら、にわとり、にく

ぬ　ぬりえ、ぬの、ぬま

ね　ねこ、ねつ、ねむり

の　のり、のこり、のはら

ひらがな ⑥

なまえ

がつ　にち

① ばんごうじゅんに　はみださないように　かきましょう。

	は	ひ	ふ	へ	ほ
1	は	ひ	ふ	へ	ほ
2	は	ひ	ふ	へ	ほ
3	は	ひ	ふ	へ	ほ
4	は	ひ	ふ	へ	ほ
5	は	ひ	ふ	へ	ほ
6	は	ひ	ふ	へ	ほ
7	は	ひ	ふ	へ	ほ
8	は	ひ	ふ	へ	ほ
9	は	ひ	ふ	へ	ほ
10	は	ひ	ふ	へ	ほ

② ていねいに　なぞりましょう。

は　はな、はね、はんこ

ひ　ひたい、ひかり、ひる

ふ　ふね、ふみきり、ふゆ

へ　へちま、へそ、へいわ

ほ　ほたる、ほけんしつ

ほかに　どんな　ことばが　あるかな。
さがして　みよう。

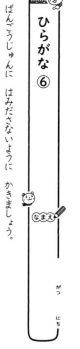

ひらがな ⑦

なまえ

がつ　にち

① ばんごうじゅんに　はみださないように　かきましょう。

	ま	み	む	め	も
1	ま	み	む	め	も
2	ま	み	む	め	も
3	ま	み	む	め	も
4	ま	み	む	め	も
5	ま	み	む	め	も
6	ま	み	む	め	も
7	ま	み	む	め	も
8	ま	み	む	め	も
9	ま	み	む	め	も
10	ま	み	む	め	も

② ていねいに　なぞりましょう。

ま　まくら、まつり、まち

み　みかん、みそ、みち

む　むね、むし、むかし

め　めす、めいろ、めろん

も　もり、もうふ、もも

ひらがな ⑧

なまえ

がつ　にち

① ばんごうじゅんに　はみださないように　かきましょう。

	や	ゆ	よ	わ	を	ん
1	や	ゆ	よ	わ	を	ん
2	や	ゆ	よ	わ	を	ん
3	や	ゆ	よ	わ	を	ん
4	や	ゆ	よ	わ	を	ん
5	や	ゆ	よ	わ	を	ん
6	や	ゆ	よ	わ	を	ん
7	や	ゆ	よ	わ	を	ん
8	や	ゆ	よ	わ	を	ん
9	や	ゆ	よ	わ	を	ん
10	や	ゆ	よ	わ	を	ん

② ていねいに　なぞりましょう。

や　やま、やね、やさい

ゆ　ゆか、ゆき、ゆうやけ

よ　よる、よん、よりみち

わ　わし、わに、わたあめ

ん　ようかん、きん、さん

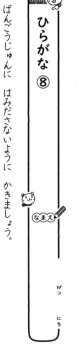

ひらがな ⑨

なまえ

がつ　にち

① ばんごうじゅんに　はみださないように　かきましょう。

ら	り	る	れ	ろ
ら	り	る	れ	ろ
ら	り	る	れ	ろ
ら	り	る	れ	ろ
ら	り	る	れ	ろ
ら	り	る	れ	ろ
ら	り	る	れ	ろ
ら	り	る	れ	ろ
ら	り	る	れ	ろ
ら	り	る	れ	ろ

② ていねいに　なぞりましょう。

ら　らいおん、らく、らいと

り　りす、りく、りかしつ

る　るびい、るす、るりいろ

れ　れもん、れい、れきし

ろ　ろく、ろうか、ろまん

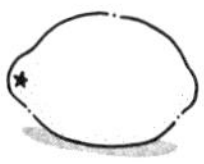

五十おんず

なまえ

がつ　にち

うえの　ひらがなを　したに　かきましょう。

わ	ら	や	ま	は	な	た	さ	か	あ
を	り	ゆ	み	ひ	に	ち	し	き	い
ん	る	よ	む	ふ	ぬ	つ	す	く	う
	れ		め	へ	ね	て	せ	け	え
	ろ		も	ほ	の	と	そ	こ	お

わ	ら	や	ま	は	な	た	さ	か	あ
を	り	ゆ	み	ひ	に	ち	し	き	い
ん	る	よ	む	ふ	ぬ	つ	す	く	う
	れ		め	へ	ね	て	せ	け	え
	ろ		も	ほ	の	と	そ	こ	お

あ、い、う、え、お！

かけたら、こえに　だして　よんで　みましょう。

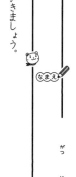

「゛」「゜」の つく ことば ①

なまえ　　がつ　にち

❶ ばんごうじゅんに はみださないように かきましょう。

ぱ	ば	だ	ざ	が
ぱ	ば	だ	ざ	が
ぴ	び	ぢ	じ	ぎ
ぴ	び	ぢ	じ	ぎ
ぷ	ぶ	づ	ず	ぐ
ぷ	ぶ	づ	ず	ぐ
ぺ	べ	で	ぜ	げ
ぺ	べ	で	ぜ	げ
ぽ	ぼ	ど	ぞ	ご
ぽ	ぼ	ど	ぞ	ご

❷ こえに だして よんで なぞりましょう。

かき

かぎ

さる

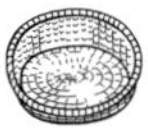
ざる

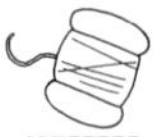
いと

いど

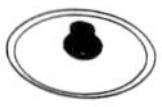
ふた

ぶた

くし

くじ

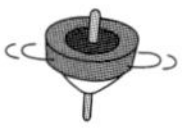
こま

ごま

「゛」「゜」の つく ことば ②

なまえ　　がつ　にち

● えを みて、「゛」「゜」の つく じを いれましょう。

① 
でんわ

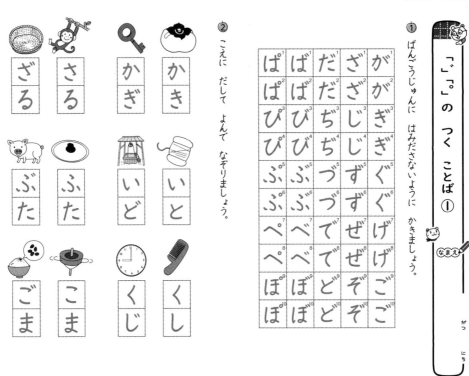

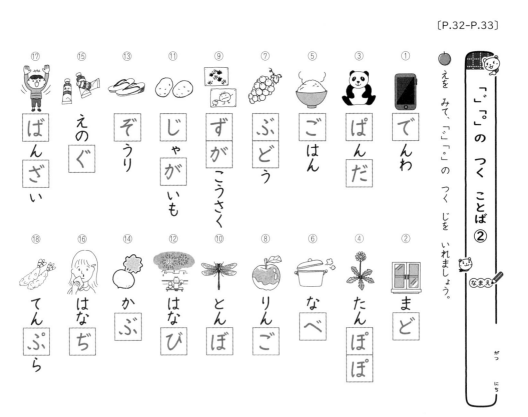

② 
まど

③ 
ぱんだ

④ 
たんぽぽ

⑤ 
ごはん

⑥ 
なべ

⑦ 
ぶどう

⑧ 
りんご

⑨ 
ずがこうさく

⑩ 
とんぼ

⑪ 
じゃがいも

⑫ 
はなび

⑬ 
ぞうり

⑭ 
かぶ

⑮ 
えのぐ

⑯ 
はなぢ

⑰ 
ばんざい

⑱ 
てんぷら

〔P.34-P.35〕

「っ」の つく ことば

なまえ　　がつ　　にち

❶ こえに だして よみ、ていねいに なぞりましょう。

はらっぱ
そっくす
かけっこ
びっくり

がっこう
ぽけっと
もらった ふく。
はしって いる。

❷ えを みて、□の なかに じを いれましょう。

①  ばった

③  かっぱ

⑤  らっぱ

⑦  らっこ

⑨  きって

②  はっぱ

④  ねっこ

⑥  こっぷ

⑧  べっど

⑩  かっぷ

〔P.36-P.37〕

はねる おと

なまえ　　がつ　　にち

● □の なかに「ん」を かいて、なぞりましょう。

おんがく
えんぴつ
あんぱん
おんどく
りんご
かいだん
そろばん
れんげ
ぎんがみ
れんこん

しんかんせん
せんたくき
らんどせる
きんようび
ほんだな
よもぎだんご
おめん
ぶらんこ
ごんぎつね
ごふんかん

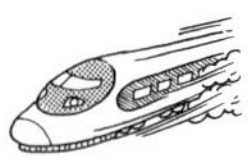

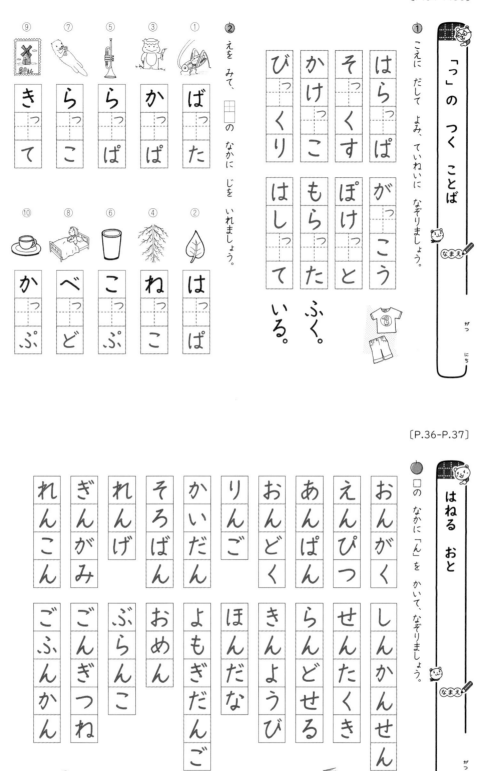

ながい おと ①

みて なぞって、したに かきましょう。

なまえ

がつ にち

おかあさん
おばあさん
おにいさん
おじいさん
おねえさん
おとうと
いもうと
とおせんぼ
ほうせんか
ほおずき
てつぼう
すいとう
ゆうれい

おかあさん
おばあさん
おにいさん
おじいさん
おねえさん
おとうと
いもうと
とおせんぼ
ほうせんか
ほおずき
てつぼう
すいとう
ゆうれい

ほうせんかと ほおずきは、しょくぶつずかんに のって います。

ながい おと ②

なぞって うえと おなじように かきましょう。
おおきな こえで はっきり よみましょう。

なまえ

がつ にち

とおくの、
おおきな、
こおりの、
うえを、
おおくの、
おおかみ、
こおろぎ、
おいかけ、
とおずつ、
とおった。

とおくの、
おおきな、
こおりの、
うえを、
おおくの、
おおかみ、
こおろぎ、
おいかけ、
とおずつ、
とおった。

※…お は ながい おとを あらわす ために つけて います。

ぶんの いみも かんがえて みましょう。

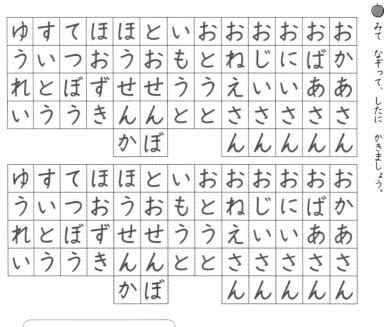

ながい おと ③

なまえ　　がつ　　にち

☐の なかに「う」か「お」を かいて、なぞりましょう。

① ほうせんか
② がっこう
③ ほおづえ
④ おおかみ
⑤ とおせんぼ
⑥ とおく
⑦ とおる
⑧ どうろ
⑨ そうめん
⑩ ほおずき
⑪ こおろぎ
⑫ いもうと
⑬ おとうと
⑭ おおあめ
⑮ こおり
⑯ とうふ

⑤は ⑦を できないように する ことです。

ねじれた おと ①

なまえ　　がつ　　にち

1 おおきな こえで はっきり よみましょう。
みて なぞって かきましょう。

きゃ　きゃ　きゅ　きゅ
きょ　きょ　きょ　ねん
しゃ　しゃ　しゅ　しゅ
しょ　しょ　しゃ　しん

すごく がんばってるね！

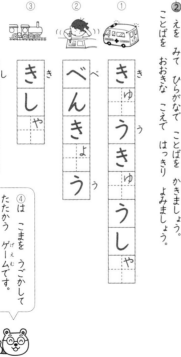

2 えを みて ひらがなで ことばを かきましょう。
ことばを おおきな こえで はっきり よみましょう。

① きゅうきゅうしゃ
② べんきょう
③ きしゃ
④ しょうぎ

④は こまを うごかして たたかう ゲーム《げえむ》です。

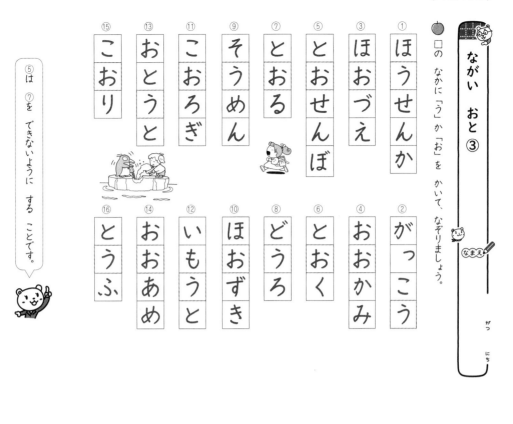

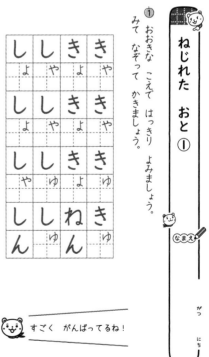

ねじれた　おと②

なまえ

がつ　にち

❶ おおきな　こえで　はっきり　よみましょう。
みて　なぞって　かきましょう。

ちゃ　ちゃ　ちゅ　ちゅ

ちょ　ちょ　ちょうちん

にゃ　にゃ　にゅ　にゅ

にょ　にょ　にょういん

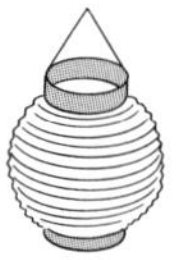

❷ えを　みて　ひらがなで　ことばを　かきましょう。
ことばを　おおきな　こえで　はっきり　よみましょう。

①  お《お》ちゃ

②  こ《こ》ん《ん》ち《ち》ゅう

③  ち《ち》ょうちょ

④  に《に》ゅうどうぐ《ぐ》も《も》

くもには　いろんな
しゅるいが　あるって
しってた？

ねじれた　おと③

なまえ

がつ　にち

❶ おおきな　こえで　はっきり　よみましょう。
みて　なぞって　かきましょう。

ひゃ　ひゃ　ひゅ　ひゅ

ひょ　ひょ　ひゃくえん

みゃ　みゃ　みゅ　みゅ

みょ　みょ　みょうが

おとなの　あじだよ

❷ えを　みて　ひらがなで　ことばを　かきましょう。
ことばを　おおきな　こえで　はっきり　よみましょう。

① 

ひ《ひ》ゃくえん

②  ひ《ひ》ゅう《う》ひ《ひ》ゅうと　かぜが　ふく。

③  ひ《ひ》ょうた《た》ん《ん》

④  み《み》ゃく《く》は《は》く《く》

てくびの　うちがわを　さわると
ちが　ながれて　いるのが　わかります。

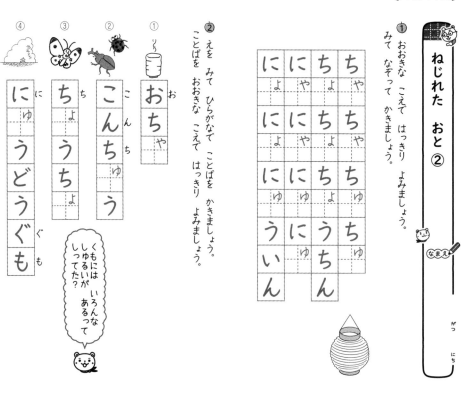

ねじれた おと④

なまえ　　がつ　　にち

❶ おおきな こえで はっきり よみましょう。
みて なぞって かきましょう。

りゃ りゃ りゅ りゅ

りょ りょ りょこう

ぎゃ ぎゃ ぎゅ ぎゅ

ぎょ ぎょ ぎゃくてん

❷ えを みて ひらがなで ことばを かきましょう。
ことばを おおきな こえで はっきり よみましょう。

①  りゅう

②  きんぎょ

③  りょうて

④ 

ぎゅうにゅう

③は、みぎてと ひだりての ことです。

ねじれた おと⑤

なまえ　　がつ　　にち

❶ おおきな こえで はっきり よみましょう。
みて なぞって かきましょう。

じゃ じゃ じゅ じゅ

じょ じょ じゃがいも

ぢゃ ぢゃ ぢゅ ぢゅ

ぢょ ぢょ きんじょ

「ぢ」を つかう ことばは、とても すくないよ

❷ えを みて ひらがなで ことばを かきましょう。
ことばを おおきな こえで はっきり よみましょう。

① 

じゅうえん

②  じゃんけん

③  じょうろ

④  ごはん ぢゃわん

いろんな かけごえが あるよ
きみは なんて いう？

さいしょは、グー！

チッケッタッ！

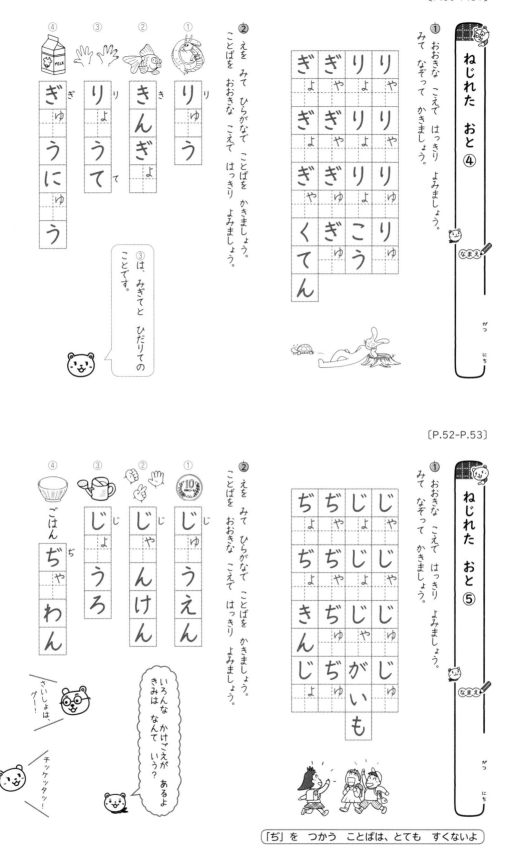

〔P.54-P.55〕

ねじれた おと⑥

なまえ　　がつ　にち

❶ おおきな こえで はっきり よみましょう。
みて なぞって かきましょう。

びゃ びゃ びゅ びゅ
びょ びょ びょういん
ぴゃ ぴゃ ぴゅ ぴゅ
ぴょ ぴょ はっぴょう

❷ えを みて ひらがなで ことばを かきましょう。
ことばを おおきな こえで はっきり よみましょう。

①  さん びゃくえん

ひゃくえんだまが さんまい

②  びょうぶ

③  はっ ぴゃくえん

ひゃくえんだまが はちまい

④  うさぎが ぴょんぴょん はねる。

〔P.56-P.57〕

ちいさい じの ある ことば①

なまえ　　がつ　にち

● つぎの ことばを ただしく かきましょう。

① あくしゅ　あくしゅ
② ごはんぢやわん　ごはんぢゃわん
③ じしやく　じしゃく
④ どくしよ　どくしょ
⑤ らつきよう　らっきょう
⑥ じやがいも　じゃがいも
⑦ ひやつかてん　ひゃっかてん
⑧ こんにやく　こんにゃく
⑨ きやべつ　きゃべつ

どこかの じが
ちいさく なります。

ちいさい 字は ますの 右上に かこう

ちいさい　じの　ある　ことば　②

なまえ　がつ　にち

つぎの　ことばを　ただしく　かきましょう。

① しょうがつ　しょうがつ

② べんきょう　べんきょう

③ しょうぼうしゃ　しょうぼうしゃ

④ ぎゅうにゅう　ぎゅうにゅう

⑤ じょうようしゃ　じょうようしゃ

⑥ とっきゅう　とっきゅう

⑦ にゅうがくしき　にゅうがくしき

⑧ じゅうたん　じゅうたん

⑨ にんぎょう　にんぎょう

ちいさい　じと
おおきい　じは
はっきりと
かきわけましょう。

「わ」と「は」

なまえ　がつ　にち

□の　なかに「わ」か「は」を　かきましょう。

① わたしは、あそびます。

② おとうさんは、かいしゃに　いきます。

③ はんかちは、もって　います。

④ わには、おおきいです。

⑤ にわに、きゅうこんを　うえます。

⑥ はとは、まめを　たべます。

⑦ はなは、きれいです。

⑧ ははは、やさしいです。

「はは」は、おかあさんの　ことだよ

⑨ はしは、にほんで　いちぜんです。

おはしの　かぞえかただよ

「は」と　かいて
「わ」と　よむ　ものが
あります。

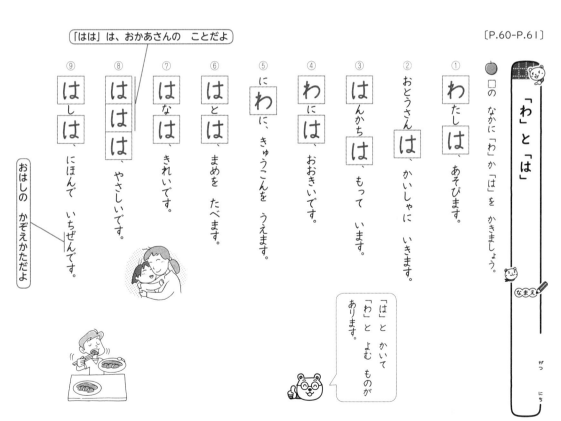

「お」と「を」

なまえ　がつ　にち

● □の　なかに「お」か「を」を　かきましょう。

① にく　を　やきました。

② にわの　くさ　を　ぬきました。

③ お　とうさんと　ほん　を　よみました。

④ お　みやげ　を　かいました。

⑤ お　にごっこ　を　しました。

⑥ こ　お　ろぎが　なく。

⑦ お　ちゃ　を　のみました。

⑧ ほ　お　ずき　を　うえました。

⑨ ほそい　みち　を　と　お　る。

「を」は　ものの　なまえには　あまり　つかいません。ぶんを　つくる　ときに　よく　つかいます。

「え」と「へ」

なまえ　がつ　にち

● □の　なかに「え」か「へ」を　かきましょう。

① がっこう　へ　いきます。

② え　ほんを　よんで　もらいました。

③ かえるに　へ　そは　ありません。

④ とりは　え　さを　たべます。

⑤ うみ　へ　およぎに　いきます。

⑥ へ　ちまを　とります。

⑦ え　を　みて　はなします。

⑧ え　き　へ　むか　え　に　いきます。

⑨ え　んそく　へ　あめを　もって　いきます。

ことばと　ことばを　くっつけるのは、「へ」です。

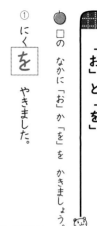

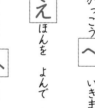

なかまの ことば

なまえ　がつ　にち

□の なかから、なかまの ことばを えらんで かきましょう。

(1)

しろ　くま　にんじん　いぬ　むらさき　ふゆ　ごぼう　うさぎ　あき　あお　はる

① なつ（ふゆ）（あき）（はる）― きせつ

② あか（しろ）（むらさき）（あお）― いろ

③ さる（くま）（いぬ）（うさぎ）― どうぶつ

④ だいこん（にんじん）（ごぼう）― やさい

(2)

ぶどう　めじろ　まつ　もくようび　けしごむ　うぐいす　すいようび　ものさし　すぎ　かき　いちょう

① きつつき（めじろ）（うぐいす）― とり

② みかん（ぶどう）（かき）― くだもの

③ ひのき（まつ）（すぎ）（いちょう）― 木

④ げつようび（もくようび）（すいようび）― よう日

⑤ はさみ（けしごむ）（ものさし）― 文ぼうぐ

くみに なる ことば

なまえ　がつ　にち

□の なかから、くみに なる ことばを えらんで かきましょう。

(1)

まえ　うち　した　ひだり

① うえ ↕（した）

② うしろ ↕（まえ）

③ そと ↕（うち）

④ みぎ ↕（ひだり）

(2)

ちかい　おおきい　つよい　みじかい　あかるい

① よわい ↕（つよい）

② くらい ↕（あかるい）

③ とおい ↕（ちかい）

④ ながい ↕（みじかい）

⑤ ちいさい ↕（おおきい）

「し」に てんてんが つくよ
「ぢ」と まちがえないでね！

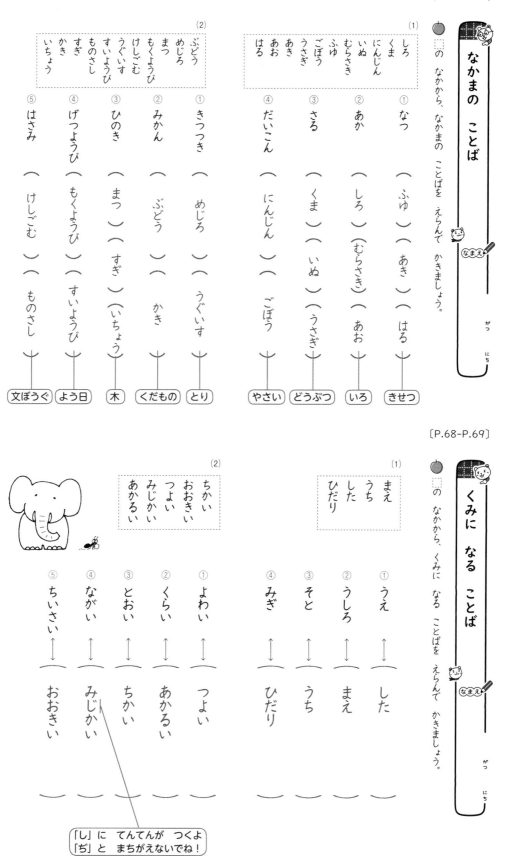

かたかな①

なまえ

がつ　にち

❶ ばんごうじゅんに　ていねいに　かきましょう。

	あ	い	う	え	お
1	ア	イ	ウ	エ	オ
2	ア	イ	ウ	エ	オ
3	ア	イ	ウ	エ	オ
4	ア	イ	ウ	エ	オ
5	ア	イ	ウ	エ	オ
6	ア	イ	ウ	エ	オ
7	ア	イ	ウ	エ	オ
8	ア	イ	ウ	エ	オ
9	ア	イ	ウ	エ	オ
10	ア	イ	ウ	エ	オ

❷ えの　ことばを　かたかなで　かきましょう。

①  あいろん　アイロン

②  いんこ　インコ

③  ううる　ウール

④  えぷろん　エプロン

⑤  おるがん　オルガン

かたかなで　のばす　おとは「ー」で　かきます。
〈れい〉
けえき→ケーキ
ほおす→ホース

かたかな②

なまえ

がつ　にち

❶ ばんごうじゅんに　ていねいに　かきましょう。

	か	き	く	け	こ
1	カ	キ	ク	ケ	コ
2	カ	キ	ク	ケ	コ
3	カ	キ	ク	ケ	コ
4	カ	キ	ク	ケ	コ
5	カ	キ	ク	ケ	コ
6	カ	キ	ク	ケ	コ
7	カ	キ	ク	ケ	コ
8	カ	キ	ク	ケ	コ
9	カ	キ	ク	ケ	コ
10	カ	キ	ク	ケ	コ

❷ えの　ことばを　かたかなで　かきましょう。

①  かあてん　カーテン

② 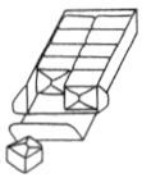 きゃらめる　キャラメル

③  くりすます　クリスマス

④  けちゃっぷ　ケチャップ

⑤  こすもす　コスモス

ひとつ　ひとつ　つみかさねて　いこう

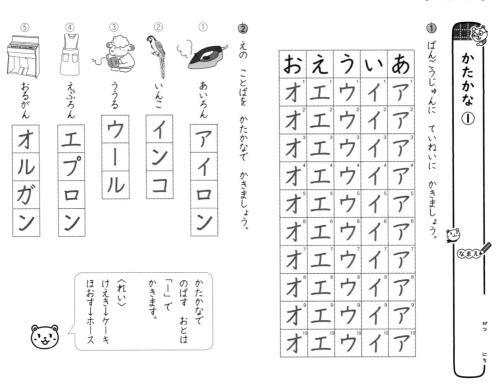

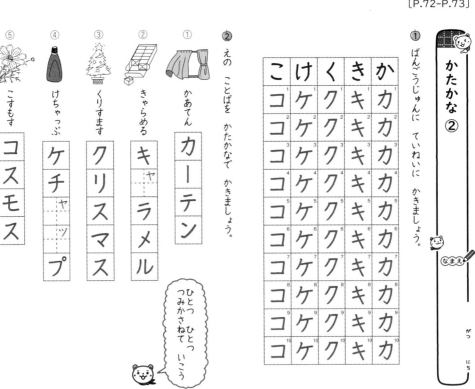

かたかな ③

なまえ

がつ　にち

❶ ばんごうじゅんに　ていねいに　かきましょう。

	さ	し	す	せ	そ
1	サ	シ	ス	セ	ソ
2	サ	シ	ス	セ	ソ
3	サ	シ	ス	セ	ソ
4	サ	シ	ス	セ	ソ
5	サ	シ	ス	セ	ソ
6	サ	シ	ス	セ	ソ
7	サ	シ	ス	セ	ソ
8	サ	シ	ス	セ	ソ
9	サ	シ	ス	セ	ソ
10	サ	シ	ス	セ	ソ

❷ えの　ことばを　かたかなで　かきましょう。

①  さっかあ　サッカー

②  しゃつ　シャツ

③  すりっぱ　スリッパ

④  せえたあ　セーター

⑤  そっくす　ソックス

「シ」を　かく　ときは、てんてんを　うえから、はらいを　したから　かきましょう。

かたかな ④

なまえ

がつ　にち

❶ ばんごうじゅんに　ていねいに　かきましょう。

	た	ち	つ	て	と
1	タ	チ	ツ	テ	ト
2	タ	チ	ツ	テ	ト
3	タ	チ	ツ	テ	ト
4	タ	チ	ツ	テ	ト
5	タ	チ	ツ	テ	ト
6	タ	チ	ツ	テ	ト
7	タ	チ	ツ	テ	ト
8	タ	チ	ツ	テ	ト
9	タ	チ	ツ	テ	ト
10	タ	チ	ツ	テ	ト

❷ えの　ことばを　かたかなで　かきましょう。

①  たんばりん　タンバリン

②  ちいたあ　チーター

③  つなさらだ　ツナサラダ

④  てんと　テント

⑤  とらっく　トラック

「ツ」を　かく　ときは、てんてんを　よこに　ならべて、はらいを　うえから　かきましょう。

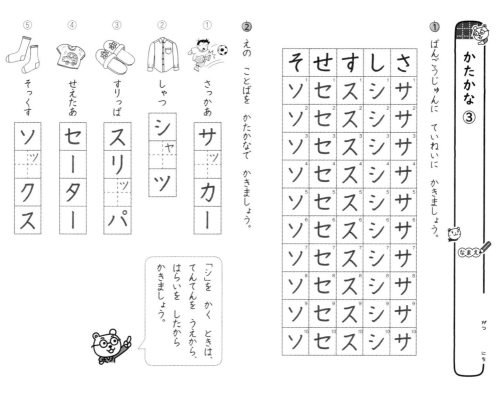

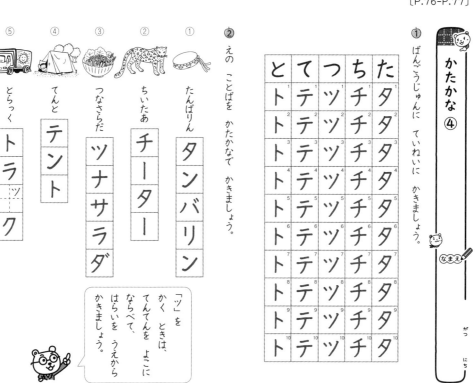

かたかな ⑤

なまえ　　がつ　　にち

① ばんごうじゅんに　ていねいに　かきましょう。

	な	に	ぬ	ね	の
1	ナ	ニ	ヌ	ネ	ノ
2	ナ	ニ	ヌ	ネ	ノ
3	ナ	ニ	ヌ	ネ	ノ
4	ナ	ニ	ヌ	ネ	ノ
5	ナ	ニ	ヌ	ネ	ノ
6	ナ	ニ	ヌ	ネ	ノ
7	ナ	ニ	ヌ	ネ	ノ
8	ナ	ニ	ヌ	ネ	ノ
9	ナ	ニ	ヌ	ネ	ノ
10	ナ	ニ	ヌ	ネ	ノ

② えの　ことばを　かたかなで　かきましょう。

① 
なっぷざっく
ナップザック

② 
にゅうす
ニュース

③ 

ぬうどる
ヌードル

④ 
ねっくれす
ネックレス

⑤ 
のおと
ノート

かたかな ⑥

なまえ　　がつ　　にち

① ばんごうじゅんに　ていねいに　かきましょう。

	は	ひ	ふ	へ	ほ
1	ハ	ヒ	フ	ヘ	ホ
2	ハ	ヒ	フ	ヘ	ホ
3	ハ	ヒ	フ	ヘ	ホ
4	ハ	ヒ	フ	ヘ	ホ
5	ハ	ヒ	フ	ヘ	ホ
6	ハ	ヒ	フ	ヘ	ホ
7	ハ	ヒ	フ	ヘ	ホ
8	ハ	ヒ	フ	ヘ	ホ
9	ハ	ヒ	フ	ヘ	ホ
10	ハ	ヒ	フ	ヘ	ホ

② えの　ことばを　かたかなで　かきましょう。

① 
はあと
ハート

② 
ひいたあ
ヒーター

③ 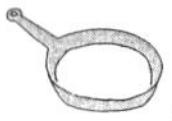
ふらいぱん
フライパン

④ 
へりこぷたあ
ヘリコプター

⑤ 
ほっとけえき
ホットケーキ

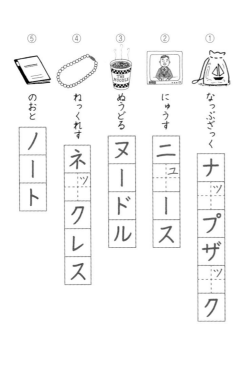

〔P.82-P.83〕

かたかな ⑦

① ばんごうじゅんに　ていねいに　かきましょう。

	ま	み	む	め	も
1	マ	ミ	ム	メ	モ
2	マ	ミ	ム	メ	モ
3	マ	ミ	ム	メ	モ
4	マ	ミ	ム	メ	モ
5	マ	ミ	ム	メ	モ
6	マ	ミ	ム	メ	モ
7	マ	ミ	ム	メ	モ
8	マ	ミ	ム	メ	モ
9	マ	ミ	ム	メ	モ
10	マ	ミ	ム	メ	モ

なまえ
がつ　にち

② えの　ことばを　かたかなで　かきましょう。

① 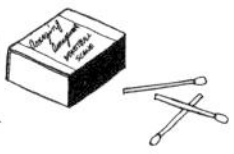 まっち　マッチ

② 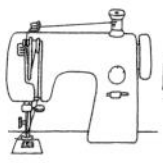 みしん　ミシン

③  むかで　ムカデ

④  めろん　メロン

⑤  もんきい　モンキー

コツコツ　がんばる　きみ、とっても　すてきだよ！

「さる」の　えいごだよ

〔P.84-P.85〕

かたかな ⑧

① ばんごうじゅんに　ていねいに　かきましょう。

	や	ゆ	よ	わ	を	ん
1	ヤ	ユ	ヨ	ワ	ヲ	ン
2	ヤ	ユ	ヨ	ワ	ヲ	ン
3	ヤ	ユ	ヨ	ワ	ヲ	ン
4	ヤ	ユ	ヨ	ワ	ヲ	ン
5	ヤ	ユ	ヨ	ワ	ヲ	ン
6	ヤ	ユ	ヨ	ワ	ヲ	ン
7	ヤ	ユ	ヨ	ワ	ヲ	ン
8	ヤ	ユ	ヨ	ワ	ヲ	ン
9	ヤ	ユ	ヨ	ワ	ヲ	ン
10	ヤ	ユ	ヨ	ワ	ヲ	ン

なまえ
がつ　にち

② えの　ことばを　かたかなで　かきましょう。

①  やまあらし　ヤマアラシ

②  ゆうふぉお　ユーフォー

③  よっと　ヨット

④  わに　ワニ

⑤  わんわん　ワンワン　と　ほえる。

「ソ（そ）」は　うえから　はらい、

「ン（ん）」は　したから　はらいます。

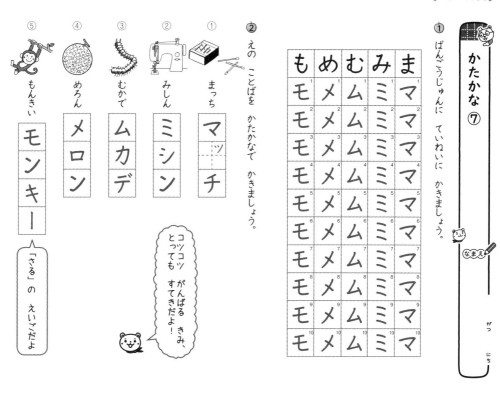

かたかな ⑨

なまえ　　　がつ　　　にち

1 ばんごうじゅんに　ていねいに　かきましょう。

	ら	り	る	れ	ろ
1	ラ	リ	ル	レ	ロ
2	ラ	リ	ル	レ	ロ
3	ラ	リ	ル	レ	ロ
4	ラ	リ	ル	レ	ロ
5	ラ	リ	ル	レ	ロ
6	ラ	リ	ル	レ	ロ
7	ラ	リ	ル	レ	ロ
8	ラ	リ	ル	レ	ロ
9	ラ	リ	ル	レ	ロ
10	ラ	リ	ル	レ	ロ

2 えの　ことばを　かたかなで　かきましょう。

① 
らけっと　ラケット

② 
りぼん　リボン

③ 
るびい　ルビー

④ 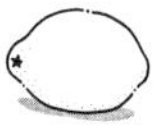
れもん　レモン

⑤ 
ろけっと　ロケット

かたかなの　ひょう

なまえ　　　がつ　　　にち

うえの　かたかなを　したに　かきましょう。

ア	カ	サ	タ	ナ	ハ	マ	ヤ	ラ	ワ	ガ	ザ	ダ	バ	パ
イ	キ	シ	チ	ニ	ヒ	ミ	ユ	リ	ヲ	ギ	ジ	ヂ	ビ	ピ
ウ	ク	ス	ツ	ヌ	フ	ム	ヨ	ル	ン	グ	ズ	ヅ	ブ	プ
エ	ケ	セ	テ	ネ	ヘ	メ		レ		ゲ	ゼ	デ	ベ	ペ
オ	コ	ソ	ト	ノ	ホ	モ		ロ		ゴ	ゾ	ド	ボ	ポ

ア	カ	サ	タ	ナ	ハ	マ	ヤ	ラ	ワ	ガ	ザ	ダ	バ	パ
イ	キ	シ	チ	ニ	ヒ	ミ	ユ	リ	ヲ	ギ	ジ	ヂ	ビ	ピ
ウ	ク	ス	ツ	ヌ	フ	ム	ヨ	ル	ン	グ	ズ	ヅ	ブ	プ
エ	ケ	セ	テ	ネ	ヘ	メ		レ		ゲ	ゼ	デ	ベ	ペ
オ	コ	ソ	ト	ノ	ホ	モ		ロ		ゴ	ゾ	ド	ボ	ポ

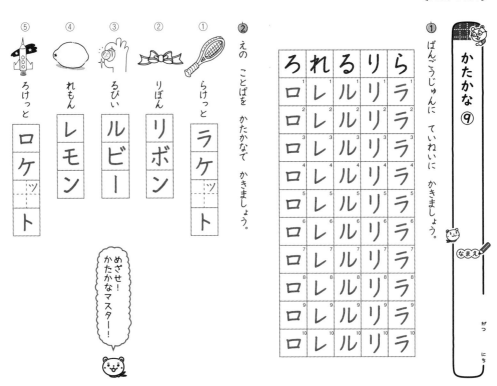

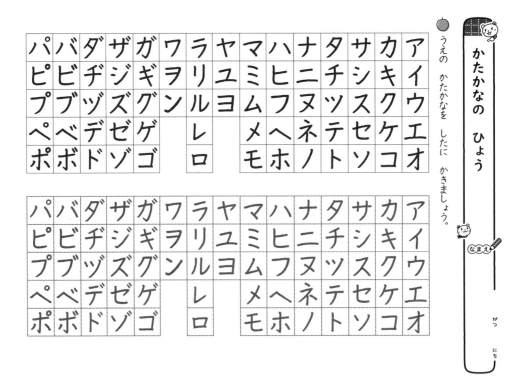

まる「。」てん「、」

なまえ　　　がつ　にち

① まる「。」と てん「、」の つけかたが ただしい ほうに ○を つけましょう。

① （○）とりが、そらを とんだ。
（　）とりが、そらを。とんだ。

② （○）きゅうしょくは、ぜんぶ たべた。
（　）きゅうしょくは。ぜんぶ たべた、

③ （　）ぼくは。おふろに はいった。
（○）ぼくは、おふろに はいった。

④ （○）おばあちゃんが、えほんを かって くれた。
（　）おばあちゃんが。えほんを かって くれた、

「。」は ぶんの おわりに、
「、」は ぶんの とちゅうに
つけます。

② つぎの ぶんに「、」と「。」を ひとつずつ いれましょう。

① わたしは、げんきに とうこう しました。
② おかあさんは、チューリップを かいました。
③ みんなは、かわで みずあそびを しました。
④ おとうとは、おばあちゃんの うちに いきました。
⑤ ぼくは、おにいちゃんと あそびました。

ていねいな いいかた

なまえ　　　がつ　にち

① ていねいな いいかたを して いる ほうに ○を つけましょう。

① （　）ぼくは、さんすうが とくいだ。
（○）ぼくは、さんすうが とくいです。

② （○）ドッジボールが すきです。
（　）ドッジボールが すきだ。

③ （　）いぬの さんぽを した。
（○）いぬの さんぽを しました。

④ （○）ほんを よみました。
（　）ほんを よんだ。

② ――の ところを ていねいな いいかたに なおしましょう。

① おりがみを おった。（おりました）
② やきゅうを した。（しました）
③ ジュースを のんだ。（のみました）
④ ねんどで つくった。（つくりました）
⑤ プールで およいだ。（およぎました）

ていねいな いいかたは、「です、ます、でした、ました」などで おわるよ

かん字①

なまえ　　がつ　　にち

① かきじゅんを 正《ただ》しく おぼえましょう。

口 くち　手 て　目 め　耳 みみ

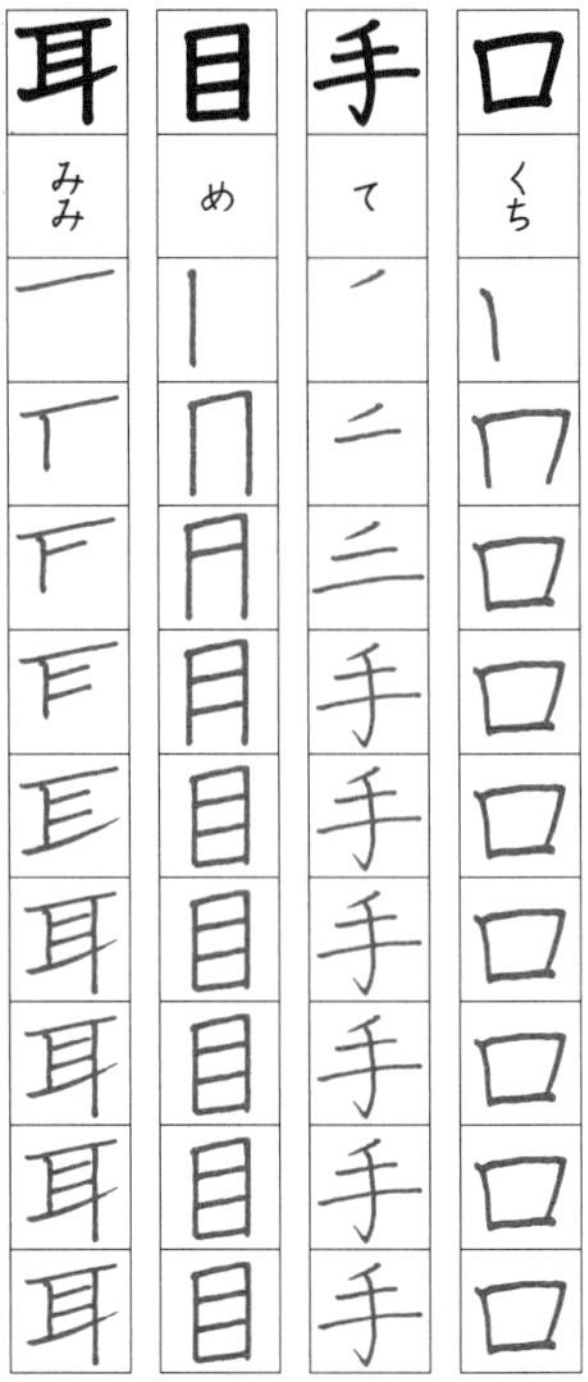

② えに あう かん字《じ》を、上《うえ》の □の 中《なか》から えらんで かきましょう。

川《かわ》 月《つき》 山《やま》 日《ひ》 手 上 木《き》 目

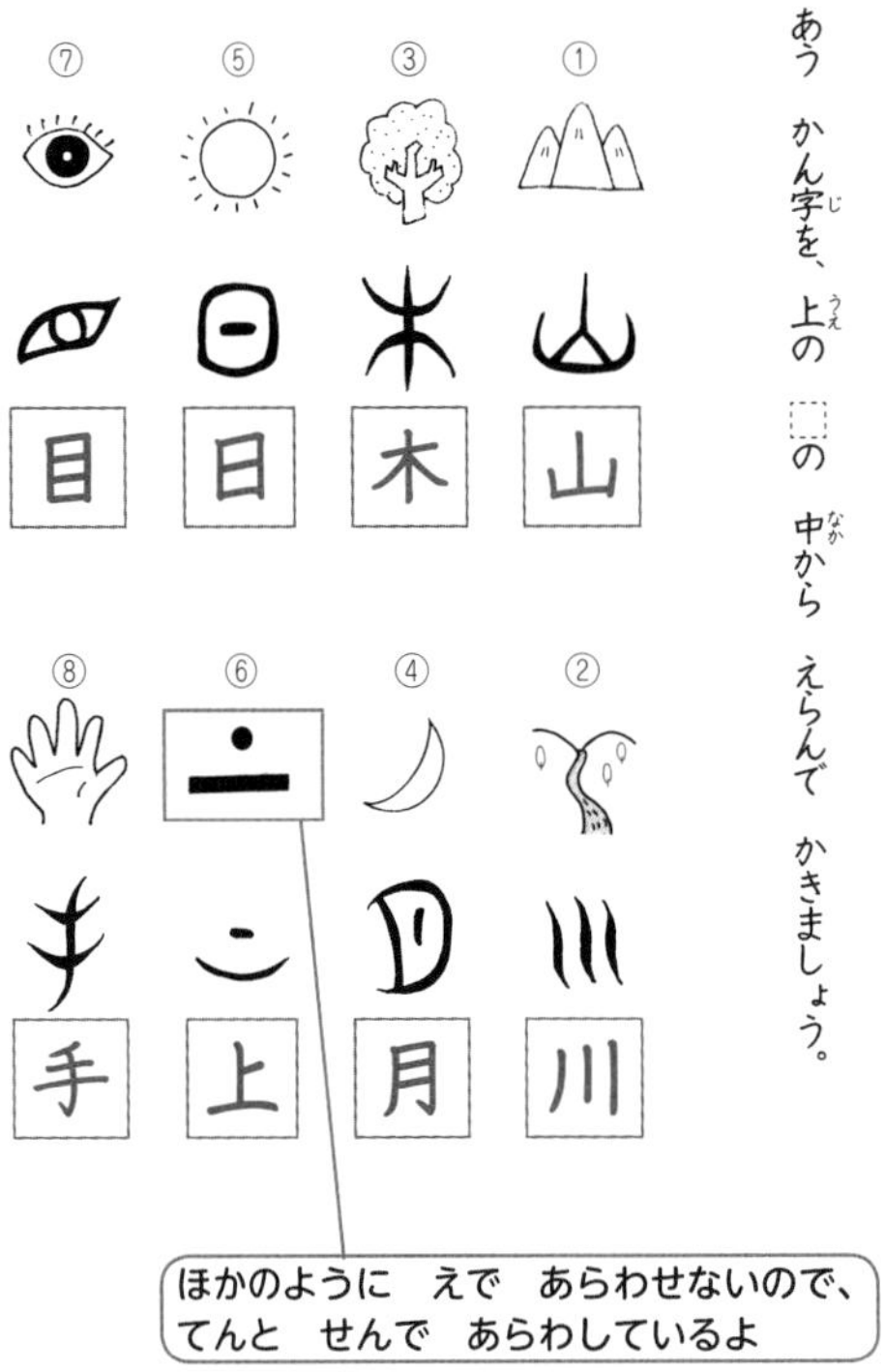

① 山
③ 木
⑤ 日
⑦ 目
② 川
④ 月
⑥ 上
⑧ 手
ほかのように えで あらわせないので、てんと せんで あらわしているよ

かん字②

なまえ　　がつ　　にち

① 左《ひだり》の えは 人《ひと》の からだです。□に ひらがなで 名《な》まえを かきましょう。
（　）には かん字《じ》を かきましょう。

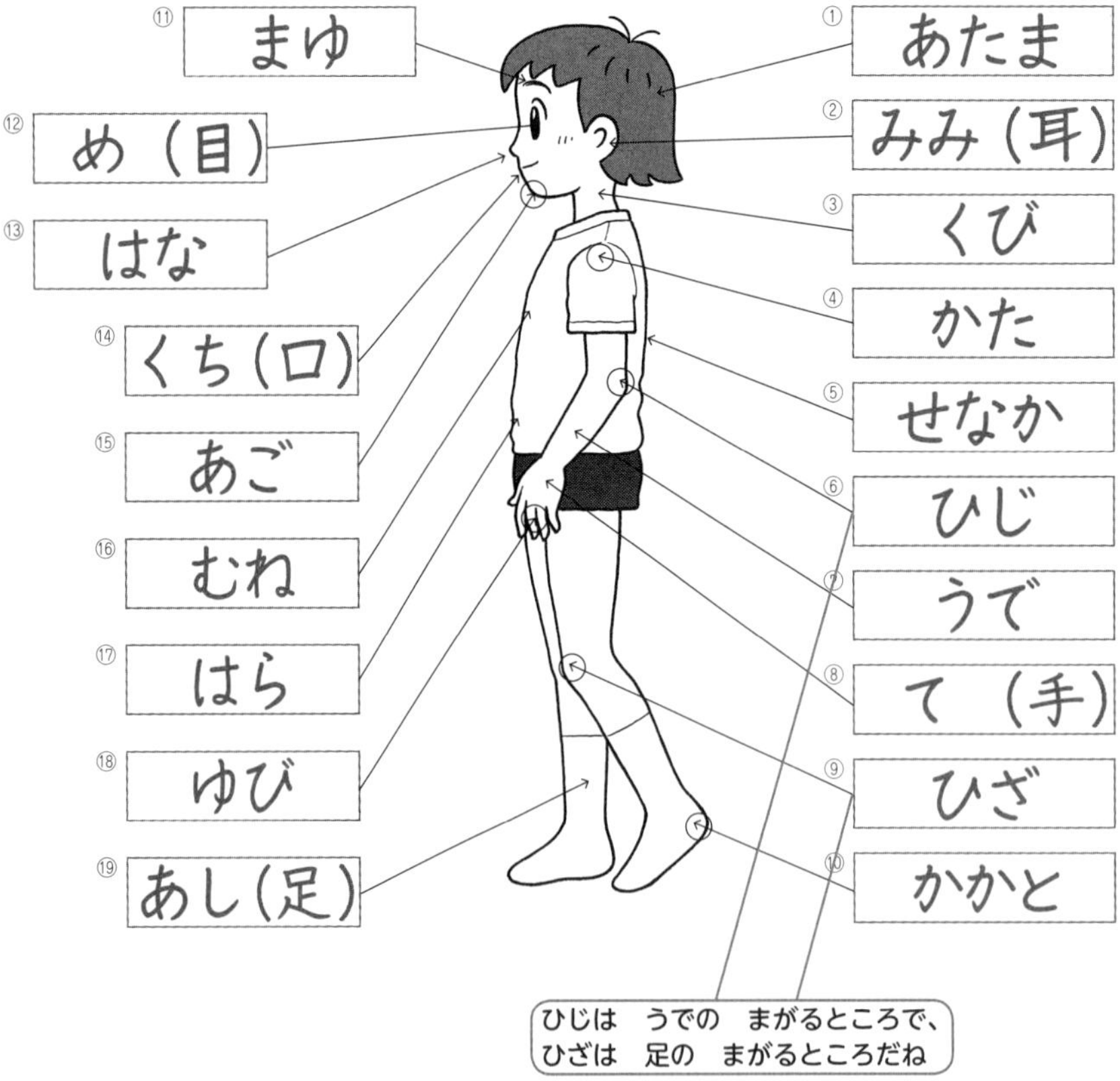

① あたま
② みみ（耳）
③ くび
④ かた
⑤ せなか
⑥ ひじ
⑦ うで
⑧ て（手）
⑨ ひざ
⑩ かかと
⑪ まゆ
⑫ め（目）
⑬ はな
⑭ くち（口）
⑮ あご
⑯ むね
⑰ はら
⑱ ゆび
⑲ あし（足）
ひじは うでの まがるところで、
ひざは 足の まがるところだね

〔P.98-P.99〕

「だれ」でしょう①

なまえ

がつ　にち

文《ぶん》を よんで、もんだいに こたえましょう。

①
そうまさんが、くしゃみを しました。

「だれ」が、くしゃみを しましたか。

（そうまさん）が、しました。

②
ゆなさんが、なわとびを しました。

「だれ」が、なわとびを しましたか。

（ゆなさん）が、しました。

③
ゆうきさんが、つくえを はこびました。

「だれ」が、つくえを はこびましたか。

（ゆうきさん）が、はこびました。

④
ほのかさんが、うたを うたいました。

「だれ」が、うたを うたいましたか。

（ほのかさん）が、うたいました。

⑤
りつさんが、本《ほん》を よみました。

「だれ」が、本を よみましたか。

（りつさん）が、よみました。

「だれ」とは、「人」の ことを きいて いるよ

〔P.100-P.101〕

「だれ」でしょう②

なまえ

がつ　にち

文《ぶん》を よんで、（　）に あう ことばを かきましょう。

①
ひなさんが、もっきんを たたきました。

（ひなさん）が、もっきんを たたきました。

②
ゆうせいさんが、いちごを つんで きました。

（ゆうせいさん）が、いちごを つんで きました。

③
りこさんが、さかなを つって きました。

（りこさん）が、さかなを つって きました。

④
かなたさんが、おみやげを かって きました。

（かなたさん）が、おみやげを かって きました。

⑤
あおいさんが、手《て》さげを もって きました。

（あおいさん）が、手さげを もって きました。

「だれ」でしょう ③

文《ぶん》を よんで、もんだいに こたえましょう。

なまえ　　がつ　　にち

①
ちづるさんが、かおを あらいました。
そして、ふきました。

「だれ」が、かおを あらいましたか。
（ちづるさん）が、あらいました。

②
つばささんが、え本《ほん》を もって きました。れんさんが、よんで あげました。

「だれ」が、え本を もって きましたか。
（つばささん）が、もって きました。

③
さきさんは、おやつを かいました。だいきさんが、おやつを たべました。

「だれ」が、おやつを かいましたか。
（さきさん）が、かいました。

④
みわさんが、はなしかけて きました。ゆうきさんは、しっかり ききました。

「だれ」が、はなしを ききましたか。
（ゆうきさん）が、ききました。

⑤
まゆさんが、草《くさ》を ぬきました。あさひさんが、草を はこびました。

「だれ」が、草を ぬきましたか。
（まゆさん）が、ぬきました。

「だれ」は 「人」の ことを きいて いるよ
「人」を あらわす ことばを さがそう

「だれ」でしょう ④

文《ぶん》を よんで、（　）に あう ことばを かきましょう。

なまえ　　がつ　　にち

(1)
おじさんが もちを つきました。けんとさんが もちを たべました。

① （おじさん）が、もちを つきました。
② （けんとさん）が、もちを たべました。

(2)
おとうとが、ジュースを もって きました。おかあさんが、ジュースを コップに ついで あげました。

① （おとうと）が、ジュースを もって きました。
② （おかあさん）が、ジュースを ついで あげました。

(3)
先生《せんせい》が うんどうじょうに 出《で》ました。ゆりさんは、先生と 手《て》を つなぎました。

① （先生）が、うんどうじょうに 出ました。
② （ゆりさん）は、先生と 手を つなぎました。

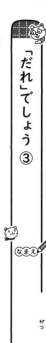

〔P.106-P.107〕

「だれ」でしょう⑤

なまえ　　　　がつ　にち

文《ぶん》を よんで、（　　）に あう ことばを かきましょう。

(1)

きゅうしょくの よういが できました。るりさんは、さいしょに、パンを たべました。

① パンを たべた 人《ひと》は、（るりさん）です。

(2)

けんとさんが ボールを なげました。おとうさんが グローブで うけました。しかし、ボールは おちました。

① ボールを なげた 人は、（けんとさん）です。

② グローブで うけた 人は、（おとうさん）です。

(3)

わたしは、おばあちゃんの いえに いきました。でも、おばあちゃんは、いえに いませんでした。

① おばあちゃんの いえに いった 人は、（わたし）です。

② いえに いなかった 人は、（おばあちゃん）です。

〔P.108-P.109〕

「いつ」でしょう①

なまえ　　　　がつ　にち

文《ぶん》を よんで、もんだいに こたえましょう。

① 三月三日《さんがつみっか》が、ひなまつりです。

② 三月十四日《じゅうよっか》が、ホワイトデーです。

③ 四月《しがつ》二十九日《にじゅうくにち》が、しょうわの日《ひ》です。

④ 五月三日《ごがつみっか》が、けんぽうきねん日です。

⑤ 五月五日《いつか》が、こどもの日です。

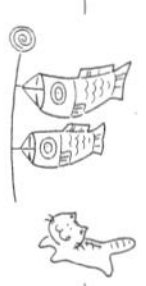

①「いつ」が、ひなまつりですか。
（三月三日）が、ひなまつりです。

②「いつ」が、ホワイトデーですか。
（三月十四日）が、ホワイトデーです。

③「いつ」が、しょうわの日ですか。
（四月二十九日）が、しょうわの日です。

④「いつ」が、けんぽうきねん日ですか。
（五月三日）が、けんぽうきねん日です。

⑤「いつ」が、こどもの日ですか。
（五月五日）が、こどもの日です。

「いつ」は 日づけや じかんを きいて いるよ

「いつ」でしょう②

なまえ　　がつ　にち

文《ぶん》を よんで、もんだいに こたえましょう。

① 七月七日《しちがつなのか》が、たなばたです。

「いつ」が、たなばたですか。
（七月七日）です。

② 九月一日《くがつついたち》が、ぼうさいの日《ひ》です。

「いつ」が、ぼうさいの日ですか。
（九月一日）です。

③ 九月九日《ここのか》が、きくのせっくです。

「いつ」が、きくのせっくですか。
（九月九日）です。

④ 十一月三日《じゅういちがつみっか》が、ぶんかの日です。

「いつ」が、ぶんかの日ですか。
（十一月三日）です。

⑤ 十一月二十三日《にじゅうさんにち》が、きんろうかんしゃの日です。

「いつ」が、きんろうかんしゃの日ですか。
（十一月二十三日）です。

「いつ」は　日づけや　じかん、よう日などを　きいて　いるよ

「いつ」でしょう③

なまえ　　がつ　にち

文《ぶん》を よんで、（　）に あう ことばを かきましょう。

① はるに なると、タンポポの きいろい きれいな 花《はな》が さきます。

（はる）に なると、タンポポの 花が さきます。

② なつに なると、プールで たのしく およぎます。

（なつ）に なると、プールで およぎます。

③ あきに なると、かきや くりの みが いっぱい なります。

（あき）に なると、みが いっぱい なります。

④ ふゆに なると、いけに あつい こおりが はります。

（ふゆ）に なると、こおりが はります。

⑤ お正月《しょうがつ》には、かぞくで はつもうでに いきます。

（お正月）には、はつもうでに いきます。

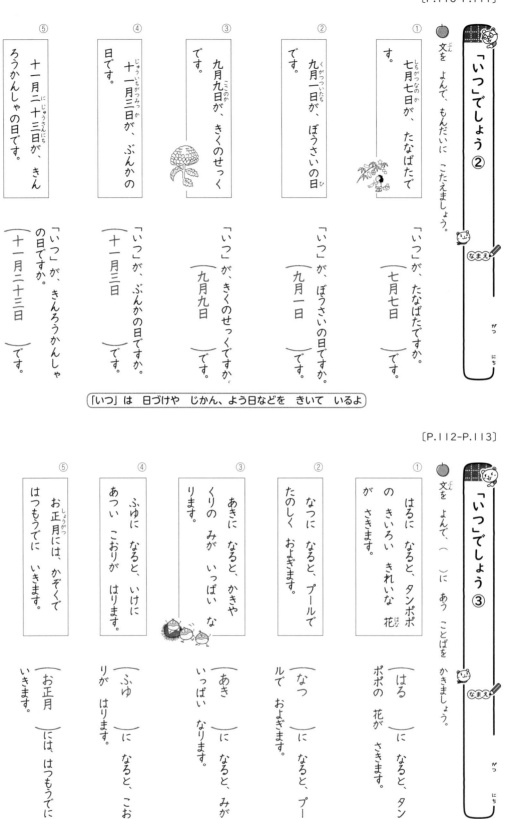

「いつ」でしょう④

なまえ　がつ　にち

文《ぶん》を よんで、（　）に あう ことばを かきましょう。

① きょう、でん車《しゃ》に のりました。

② あさ、ぼくは、ぎゅうにゅうを のみました。

③ 夕《ゆう》がた、空《そら》に 七《なな》いろの にじが できました。

④ あさっては、うれしい えん足《そく》です。

⑤ 日《にち》よう日《び》、おとうさんと うみに つりに いく よていです。

（きょう）、でん車に のりました。

（あさ）、ぼくは ぎゅうにゅうを のみました。

（夕がた）、空に にじが できました。

（あさって）は、えん足です。

（日よう日）、おとうさんと つりに いく よていです。

「どこ」でしょう①

なまえ　がつ　にち

文《ぶん》を よんで、もんだいに こたえましょう。

① はるさんは、うんどうじょうで てつぼうを しました。

② かほさんは、こうえんで あそびました。

③ ゆいとさんは、あずきさんの いえで しゅくだいを しました。

④ つむぎさんは、としょかんで 本《ほん》を よみました。

⑤ さなさんは、どうぶつえんで きりんを 見《み》ました。

「どこ」で てつぼうを しましたか。
（うんどうじょう）です。

「どこ」で あそびましたか。
（こうえん）です。

「どこ」で しゅくだいを しましたか。
（あずきさんの いえ）です。

「どこ」で 本を よみましたか。
（としょかん）です。

「どこ」で きりんを 見ましたか。
（どうぶつえん）です。

「どこ」は ばしょを きいて いるよ

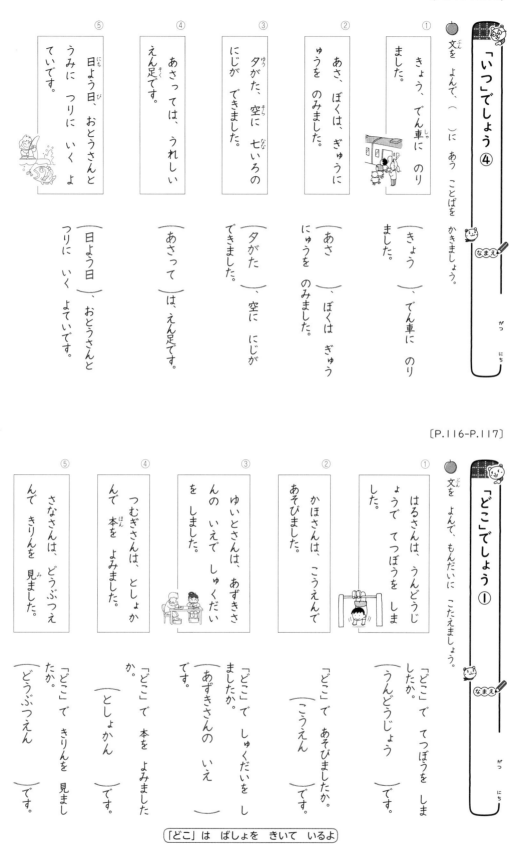

「どこ」でしょう②

なまえ　　がつ　にち

文《ぶん》を よんで、（　）に あう ことばを かきましょう。

①
あおとさんが あそびに きました。そして、いえで、ケーキを たべました。

②
ひる休《やす》みに なりました。みんなは 校《こう》ていで、あそびました。

③
日《にち》よう日《び》、デパートに いきました。そして、ふくを かいました。

④
火《か》よう日《び》、えん足《そく》に いきました。川《かわ》で さかなを とりました。

⑤
なつ休み、山《やま》に いきました。そこで、きれいな 花《はな》を 見《み》ました。

あおとさんが ケーキを たべた ところは、（いえ）です。

みんなが あそんだ ところは、（校てい）です。

ふくを かった ところは、（デパート）です。

さかなを とった ところは、（川）です。

きれいな 花を 見た ところは、（山）です。

「どこ」は ばしょを きいて いるよ

「どこ」でしょう③

なまえ　　がつ　にち

文《ぶん》を よんで、（　）に あう ことばを かきましょう。

(1)
なつ休《やす》みは、おばあちゃんの いえに いきました。ふゆ休みは、山《やま》へ スキーを しに いく よていです。

(2)
土《ど》よう日《び》は、こうえんで ブランコを しました。日《にち》よう日《び》は、いえで、たんじょう日《び》かいを しました。

(3)
きのう、しょうてんがいで くつを かって もらいました。こんどの 日よう日は スーパーで、ズボンを かって もらいます。

(1)
① なつ休みに いった ところは、（おばあちゃんの いえ）です。
② ふゆ休みに いく ところは、（山）です。

(2)
① ブランコを した ところは、（こうえん）です。
② たんじょう日かいを した ところは、（いえ）です。

(3)
① こんどの 日よう日、ズボンを かって もらう ところは、（スーパー）です。

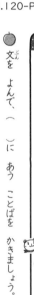

「なに」でしょう①

なまえ　　がつ　　にち

文《ぶん》を よんで、もんだいに こたえましょう。

① 犬《いぬ》が「ワン」と ほえました。

「なに」が ほえましたか。

（犬）が ほえました。

② チャイムが キンコンカンと なりました。

「なに」が なりましたか。

（チャイム）が なりました。

③ ねこが きゅうに はしり出《だ》しました。

「なに」が はしり出しましたか。

（ねこ）が はしり出しました。

④ ほしが キラキラと ひかって います。

「なに」が ひかって いますか。

（ほし）が ひかって います。

⑤ かぜが ピューピューと ふいて います。

「なに」が ふいて いますか。

（かぜ）が ふいて います。

「なに」は 人では ない ものを きいて いるよ

「なに」でしょう②

なまえ　　がつ　　にち

文《ぶん》を よんで、（　）に あう ことばを かきましょう。

① 車《くるま》の とまる 音《おと》が しました。そとに 出《で》てみると、犬《いぬ》が いました。

（犬）が いました。

② 学校《がっこう》めぐりで、きゅうしょくしつの 中《なか》を 見《み》ました。すると やさいが ありました。

（やさい）が ありました。

③ みちの はしを あるきました。すると、すいせんが さいて いました。

（すいせん）が さいて いました。

④ さらが われました。それを しんぶんしに つつんで もって いきました。

（さら）が われました。

⑤ 空《そら》から 音が きこえてきました。そのとき、大《おお》きな ひこうきが とんで いました。

大きな（ひこうき）が とんで いました。

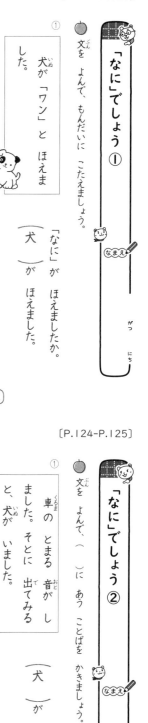

「なに」でしょう③

なまえ

がつ　にち

文《ぶん》を　よんで、（　）に　あう　ことばを　かきましょう。

(1)

わたしは、かさを　さして　あるいて　いました。すると、つよい　かぜが　ふいて　きて、かさが　とばされました。

① わたしが　さして　いたのは、（かさ）です。

② かさを　とばしたのは、（つよい　かぜ）です。

(2)

おかあさんが、はたけに　まめを　うえて　いました。すると、はとが　きて、まめを　たべました。

① はたけに　うえて　いた　ものは、（まめ）です。

② まめを　たべたのは、（はと）です。

(3)

六年生《ろくねんせい》が　なげた　ボールが　とんで　きました。それを、一年生《いちねんせい》が、ひろいました。

① 一年生が　ひろったのは、（ボール）です。

いい　ちょうし　だね

「なに」は、人では　ない　ものを　きいて　いるよ

「どんな」でしょう①

なまえ

がつ　にち

文《ぶん》を　よんで、（　）に　あう　ことばを　かきましょう。

①

りんさんは、くろい　石《いし》を　ひろいました。

りんさんは、（くろい）石を　ひろいました。

②

にわに、赤《あか》い　バラの　花《はな》が　さいて　いました。

にわに、（赤い）バラの　花が　さいて　いました。

③

木《き》に、かわいい　小《こ》とりが　とまって　いました。

木に、（かわいい）小とりが　とまって　いました。

④

山《やま》に、大《おお》きな　木が　いっぱい　ありました。

山に、（大きな）木が　いっぱい　ありました。

⑤

なつは、あつい　日《ひ》が　つづくので　水《みず》あそびが　たのしい。

なつは、（あつい）日が　つづきます。

「どんな」でしょう②

なまえ　　がつ　　にち

文《ぶん》を　よんで、もんだいに　こたえましょう。

(1)

おばあさんは、おいしい　おむすびを　たべようと　しました。すると、おむすびは　ころころ　ころげて　いきました。

① どんな　おむすびでしたか。

（おいしい）おむすび

② おむすびは　どうなりましたか。

（ころころ）ころげて　いきました。

(2)

みんなは、おもい　リュックサックを　せおって　えん足《そく》に　いきました。つかれたので、まるい　石《いし》に　すわって　休《やす》みました。

① どんな　リュックサックでしたか。

（おもい）リュックサック

② どんな　石に　すわって　休みましたか。

（まるい）石

(3)

まどから　あかるい　ひかりが　さしこみました。さむい　へやが　あたたかく　なって　きました。

① どんな　ひかりが　さしこみましたか。

（あかるい）ひかり

「どんな」は、人や　ものの　ようすを　きいて　いるよ

「どんな」でしょう③

なまえ　　がつ　　にち

文《ぶん》を　よんで、（　）に　あう　ことばを　かきましょう。

(1)

つむぎさんは、名《な》まえを　よばれたら　さっと　立《た》ちました。それから、きょうかしょを　大《おお》きい　こえで　よみました。

① つむぎさんは、（さっと）立ちました。

② きょうかしょを（大きい）こえで　よみました。

(2)

ガチャガチャと　虫《むし》の　なきごえが　きこえて　きました。あきが　きたのだ　と　おもいました。

① 虫は（ガチャガチャ）と　なきました。

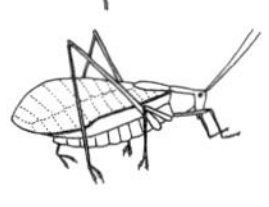

(3)

チャイムの　音《おと》が　ピンポンと　なりました。しばらく　したら、げんかんの　ドアを　しめる　音が　バタンと　きこえました。

① チャイムは（ピンポン）と　なりました。

② ドアを　しめる　音が（バタン）と　きこえました。

〔P.134-P.135〕

どんな 気もち ①

文《ぶん》を よんで、もんだいに こたえましょう。

なまえ　　　がつ　　にち

① はるかさんは、え本《ほん》を かって もらって、うれしい 気《き》もちに なりました。

はるかさんは、どんな 気もちに なりましたか。

（うれしい）気もち

② ゆいとさんは、音《おん》がくの じかんに うたって、たのしい 気もちに なりました。

ゆいとさんは、どんな 気もちに なりましたか。

（たのしい）気もち

③ みなみさんは、かけっこで 二《に》いに なり、くやしいと おもいました。

みなみさんは、どんな 気もちに なりましたか。

（くやしい）気もち

④ あいさんは、はっぴょうする とき、はずかしく なりました。

あいさんは、どんな 気もちに なりましたか。

（はずかしい）気もち

⑤ りおさんは、ともだちと けんかを して、かなしく なりました。

りおさんは、どんな 気もちに なりましたか。

（かなしい）気もち

「気もち」に つなげるために、「〜い」という かたちに かえよう

〔P.136-P.137〕

どんな 気もち ②

文《ぶん》を よんで、もんだいに こたえましょう。

なまえ　　　がつ　　にち

① かなさんは、いもうとと いっしょに、ゆうれいやしきに 入《はい》りました。かなさんは、とても おそろしかったです。

ゆうれいやしきに 入った とき、かなさんは どんな 気《き》もちでしたか。

（おそろしい）気もち

② はるさんは、日《に》よう日《び》 お子《こ》さまランチを たべました。はるさんは、うれしく なりました。

はるさんは、お子さまランチを たべたとき、どんな 気もちでしたか。

（うれしい）気もち

③ さなさんは、ひとりで るすばんを して いました。るすばんは はじめてです。さなさんは、さびしく なりました。

るすばんを はじめて した とき、さなさんは、どんな 気もちでしたか。

（さびしい）気もち

④ るみさんが、ほどうを あるいて いたら、車《くるま》が きゅうに とまりました。るみさんは、こわくて はしって かえりました。

るみさんは、くるまが きゅうに とまったとき、どんな 気もちでしたか。

（こわい）気もち

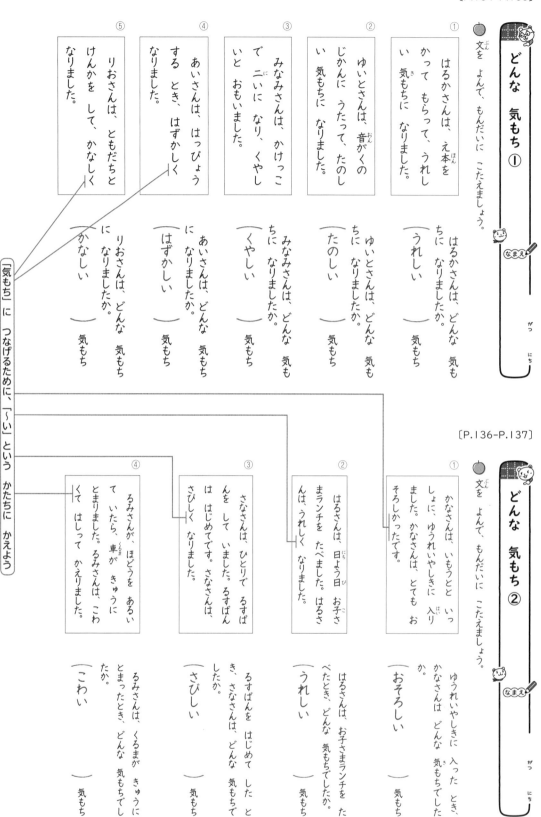

どんな　気もち③

なまえ　　がつ　にち

文《ぶん》を　よんで、もんだいに　こたえましょう。

① りくさんは、ドッジボールで　かって、とびはねました。

りくさんの　どんな　ようすから、うれしい　気《き》もちが　わかりますか。
（とびはねた　）ようすから。

② えまさんは、百《ひゃく》てんまんてんの　テストを　見《み》て、にこっと　しました。

えまさんの　どんな　ようすから、うれしい　気もちが　わかりますか。
（にこっ）と　した　ようすから。

③ そうすけさんが、おうだんほどうを　あるいて　いると、車《くるま》が　きゅうに　とまりました。そうすけさんは、ひやっと　して、立《た》ちどまりました。

そうすけさんの　どんな　ようすから、こわい　気もちが　わかりますか。
（ひやっ）と　して、立ちどまった　ようすから。

④ かいとさんは、大《たい》せつな　本《ほん》を　なくして　しまいました。かいとさんの　目《め》が、なみだで　いっぱいでした。

かいとさんの　どんな　ようすから、かなしい　気もちが　わかりますか。
（目が、なみだで　いっぱい）の　ようすから。

つかれたら、一休《ひとやす》みしよう

こそあどことば

なまえ　　がつ　にち

こそあどことばの　つかいかた

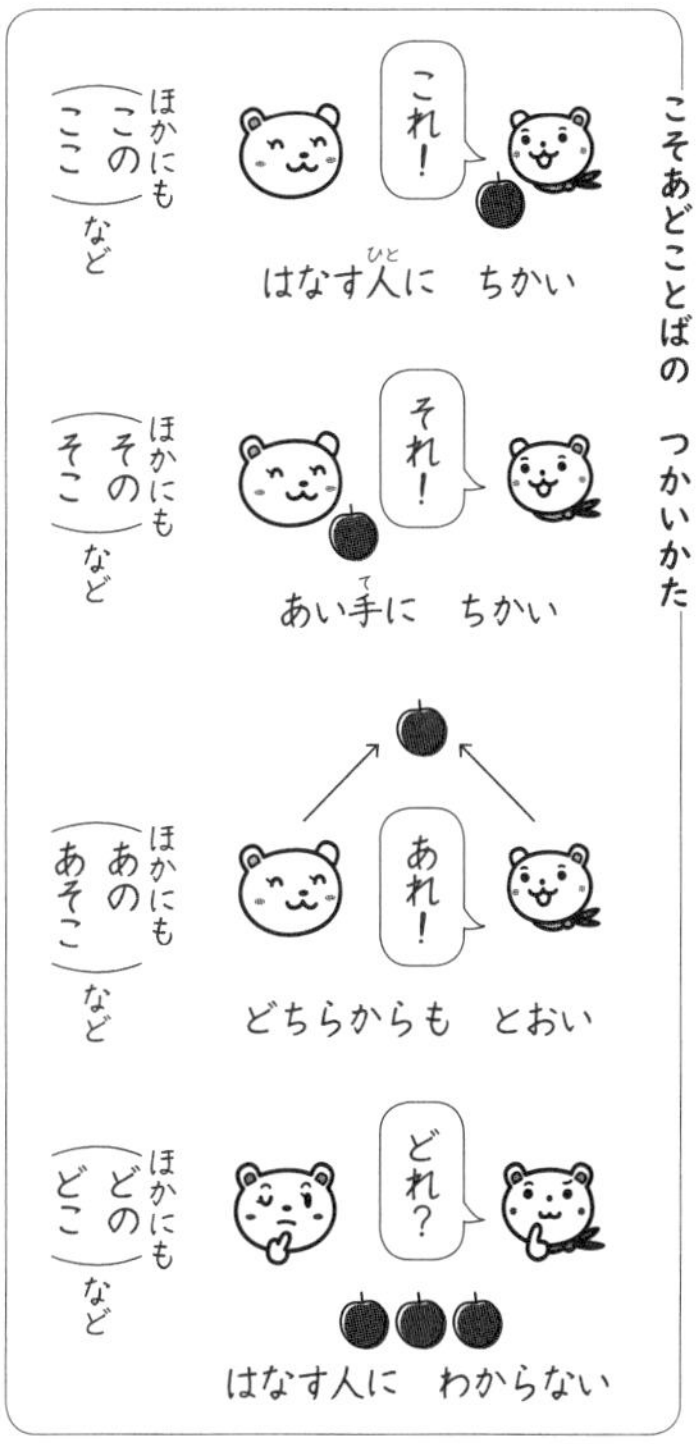
これ！
はなす人《ひと》に　ちかい
ほかにも　（この　ここ）など
それ！
あい手《て》に　ちかい
ほかにも　（その　そこ）など
あれ！
どちらからも　とおい
ほかにも　（あの　あそこ）など
どれ？
はなす人に　わからない
ほかにも　（どの　どこ）など

（　）に　あてはまる　ことばを　[　]から　えらんで　かきましょう。

① （あそこ）で　手《て》ぶくろを　ひろった。
② 木《き》の　上《うえ》の　（あれ）は、なんですか。
③ （どこ）に　いっても　見《み》あたりません。
④ いますぐ　（そこ　）へ　いきます。
⑤ （これ　）は　なんと　いう　どうぶつですか。

「もの」を　あらわすよ

これ　どこ　あそこ　あれ　そこ

「ばしょ」を　あらわすよ

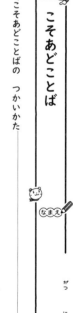

かんかくことば

なまえ　　がつ　にち

あとの　もんだいに　こたえましょう。

(1)（　）に　あてはまる　ことばを　□から　えらんで　かきましょう。

① レモンは（すっぱい）あじが　する。
② ケーキは（あまい）あじが　する。
③ カレーは（からい）あじが　する。
④ おならは（くさい）においが　する。

あまい　すっぱい　からい　くさい

どんな　ふうに
かんじるのかな。

(2)（　）に　あてはまる　ことばを　□から　えらんで　かきましょう。

① かに　さされたら（かゆい）。
② すりきずは（いたい）。
③ わきの　下《した》を　こちょこちょすると（くすぐったい）。
④ お日《ひ》さまを　見《み》ると（まぶしい）。
⑤ こおりは（つめたい）。

いたい　かゆい　つめたい　くすぐったい　まぶしい

ことばの　つながり

なまえ　　がつ　にち

つながる　ことばを　□の　中《なか》から　えらんで　かきましょう。

(1)
① バットを（ふる）。
② ふくを（きる）。
③ はなしを（きく）。
④ ふえを（ふく）。
⑤ 字《じ》を（かく）。

きく　ふく　ふる　かく　きる

(2)
① ボールを（なげる）。
② こまを（まわす）。
③ みかんを（たべる）。
④ たいこを（たたく）。
⑤ うたを（うたう）。

うたう　まわす　たたく　たべる　なげる

(3)
① ふねが　一《いっ》（そう）。
② くつが　六《ろく》（そく）。
③ 本《ほん》が　七《なな》（さつ）。
④ いえが　十《じっ》（けん）。
⑤ かみが　三《さん》（まい）。

まい　そく　そう　さつ　けん

(4)
① えんぴつが　一（ぽん）。
② けしごむが　二《に》（こ）。
③ 犬《いぬ》が　五《ご》（ひき）。
④ おとこが　四《よ》（にん）。
⑤ 車《くるま》が　八《はち》（だい）。

こ　ひき　ぽん　にん　だい

ちょっと　むずかしいよ！
わかったら　すごい！

ものがたり文 おおきな かぶ ①

なまえ　　がつ　にち

文《ぶん》を よんで もんだいに こたえましょう。

おじいさんが、かぶの
たねを まきました。
「あまい あまい かぶに
なれ。おおきな おおきな
かぶに なれ。」
あまい あまい、
おおきな おおきな
かぶに なりました。

おじいさんは、かぶを
ぬこうと しました。
「うんとこしょ、
どっこいしょ。」
けれども、かぶは ぬけません。

西郷 竹彦訳「こくご 一上 かざぐるま」光村図書

① だれが とうじょうしましたか。

（おじいさん）

② はじめに なにを しましたか。

かぶのたね を まきました。

③ どんな かぶが できましたか。

（あまい あまい）、（おおきな おおきな）かぶ。

④ おじいさんは、かぶを どう しようと しましたか。

（ぬこう と しました。）

⑤ かぶは、どう なりましたか。

（ぬけません でした。）

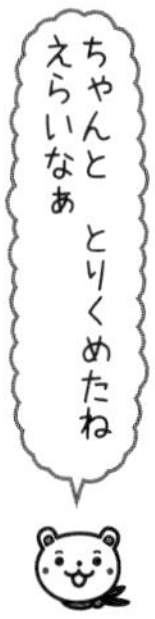

ものがたり文 おおきな かぶ ②

なまえ　　がつ　にち

文《ぶん》を よんで もんだいに こたえましょう。

おじいさんは、おばあさんを
よんで きました。
かぶを
おじいさんが ひっぱって、
おじいさんを
おばあさんが ひっぱって、
「うんとこしょ、どっこいしょ。」
それでも、かぶは ぬけません。

おばあさんは、まごを
よんで きました。
かぶを
おじいさんが ひっぱって、
おじいさんを
おばあさんが ひっぱって、
おばあさんを
まごが ひっぱって、
「うんとこしょ、どっこいしょ。」
□、かぶは
ぬけません。

西郷 竹彦訳「こくご 一上 かざぐるま」光村図書

① おじいさんは、だれを よんで きましたか。

（おばあさん）

② おじいさんを だれが ひっぱりましたか。

（おばあさん）

③ おばあさんは、だれを よんで きましたか。

（まご）

④ □に 入《はい》る ことばを えらんで かきましょう。

だから　やっぱり　もっと

（やっぱり）

⑤ かぶは、どう なりましたか。

（ぬけません でした。）

「まえと おなじように」という いみだよ
おじいさんと おばあさんで かぶを ひっぱった ときも ぬけなかったね

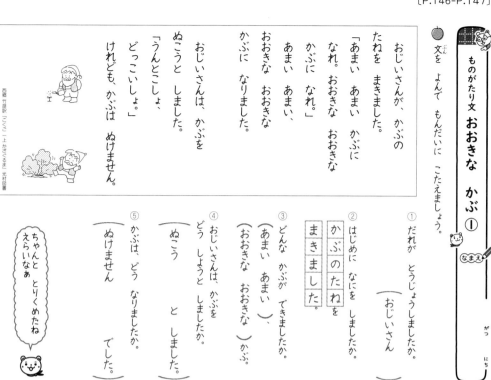

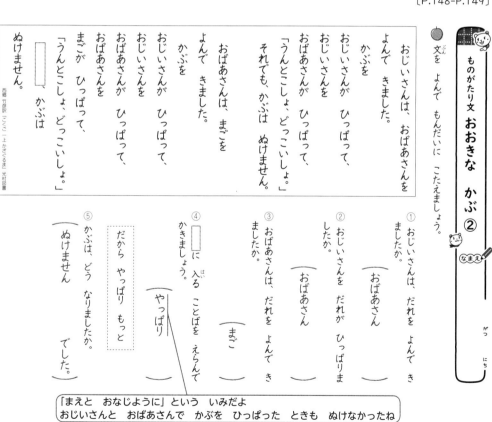

ものがたり文 おおきな かぶ ③

なまえ　　　がつ　にち

文《ぶん》を よんで もんだいに こたえましょう。

ねこは、ねずみを よんで
きました。
かぶを
おじいさんが ひっぱって、
おじいさんを
おばあさんが ひっぱって、
おばあさんを
まごが ひっぱって、
まごを
いぬが ひっぱって、
いぬを
ねこが ひっぱって、
ねこを
ねずみが ひっぱって、
「うんとこしょ、
どっこいしょ。」
□、
かぶは ぬけました。

西郷 竹彦訳「こくご 一上 かざぐるま」光村図書

① かぶを ひっぱる じゅんばんに □に かん字《じ》で すう字を かきましょう。

おじいさん	一	いぬ	四
ねずみ	六	ねこ	五
おばあさん	二	まご	三

② かぶを ひっぱる ときの かけごえを かきましょう。
（「うんとこしょ、どっこいしょ。」）

③ □に 入《はい》る ことばを えらんで かきましょう。
（とうとう）

しかし　とうとう　まだ

「さいごに」、「おしまいに」という いみが あるよ

④ かぶは なぜ ぬけたと おもいますか。
（〈れい〉 みんなが 力《ちから》を あわせたからだと おもいます。）

ものがたり文 くじらぐも ①

なまえ　　　がつ　にち

文《ぶん》を よんで もんだいに こたえましょう。

四《よ》じかんめの ことです。
一《いち》ねん二《に》くみの 子《こ》どもたちが たいそうを して いると、空《そら》に、大《おお》きな くじらが あらわれました。まっしろい くもの くじらです。
「一、二、三《さん》、四《し》。」
くじらも、たいそうを はじめました。のびたり ちぢんだり して、しんこきゅうも しました。
みんなが かけあしで うんどうじょうを まわると、くもの くじらも、空を まわりました。

なかがわ りえこ「こくご 一下 ともだち」光村図書

① いつの ことですか。
（四じかんめ）

② だれが なにを して いましたか。
（一ねん二くみの 子どもたち）が（たいそう）を して いました。

③ どこに なにが あらわれましたか。
（空）に（大きな くじら）が あらわれました。

④ くじらは どんな たいそうを しましたか。
（のび）たり（ちぢん）だり して（しんこきゅう）も しました。

⑤ くじらは ほかに どう しましたか。
（空 を まわりました）。

きっと できる！

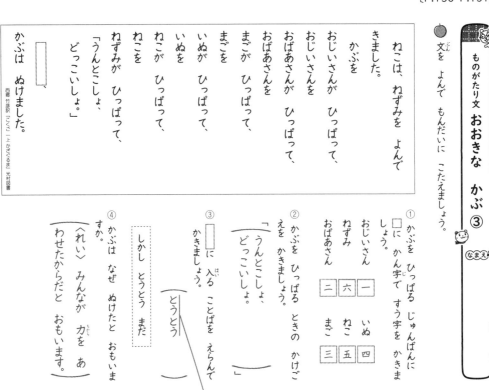

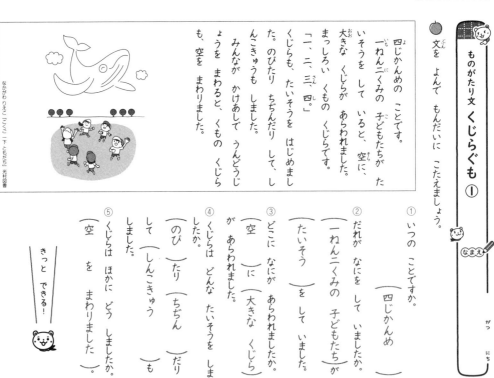

ものがたり文 くじらぐも ②

なまえ　　がつ　　にち

文《ぶん》を よんで もんだいに こたえましょう。

みんなは、手《て》を つないで、まるい わに なると、

「天《てん》まで とどけ、一《いち》、二《に》、三《さん》。」

と ジャンプしました。でも、とんだのは、やっと 三十《さんじっ》センチぐらいです。

「もっと たかく。もっと たかく。」

と、くじらが おうえんしました。

「天まで とどけ、一、二、三。」

こんどは、五十《ごじっ》センチぐらい とべました。

「もっと たかく。もっと たかく。」

と、くじらが おうえんしました。

「天まで とどけ、一、二、三。」

その ときです。

いきなり、かぜが、みんなを 空《そら》へ ふきとばしました。

なかがわ りえこ「こくご」一下 ともだち 光村図書

① みんなは、手を つないで わに なって、どう しましたか。

「（天まで とどけ、一、二、三）。」と [ジャンプ]しました。

② 一《いっ》かい目《め》は、どのくらい とべましたか。

（三十センチ　ぐらい）

③ 二かい目は どのくらい とべましたか。

（五十センチ　ぐらい）

④ くじらは、なんと いって おうえんしましたか。

「（もっと たかく。もっと たかく。）」

⑤ 三かい目は どう なりましたか。

いきなり、[かぜ]が、[みんな]を [空]へ [ふきとばし]ました。

ものがたり文 おかゆの おなべ ①

なまえ　　がつ　　にち

文《ぶん》を よんで もんだいに こたえましょう。

まずしいけれども、こころの やさしい 女《おんな》の子《こ》が いました。女の子は おかあさんと ふたりで くらして いましたが、うちには たべる ものが なにも ありませんでした。

ある とき、女の子が、森《もり》に たべものを さがしに いくと、むこうから おばあさんが やって きました。

「こんな ところで、なにを して いるんだね。」

おばあさんに たずねられ、女の子は はずかしそうに こたえました。

「のいちごを さがして いるの。おかあさんと いっしょに たべようと おもって。」

さいとう ひろし「こくご」一下 ともだち 光村図書

① どんな 女の子が いましたか。

[まずしい]けれども、こころの [やさしい] 女の子。

② だれと くらして いましたか。

（おかあさん）

③ □に ことばを かきましょう。

女の子の うちには たべる ものが なにも [ありません]。

④ 女の子は どこに たべものを さがしに いきましたか。

（森）

⑤ むこうから やって きたのは だれでしょう。

（おばあさん）

⑥ 女の子は おばあさんに なんと こたえましたか。

「[のいちご]を さがして いるの。[おかあさん]と いっしょに たべようと おもって。」

ものがたり文 おかゆの おなべ②

なまえ　　がつ　　にち

文《ぶん》を よんで もんだいに こたえましょう。

　うちに かえると、女《おんな》の子《こ》は おなべに むかって、

「なべさん、なべさん。にて おくれ。」

と いいました。

　すると、いきなり おなべが ぐらぐら にえだし、中《なか》から、うんじゃら うんじゃら、おかゆが 出《で》て きました。

　これには、おかあさんも 大《おお》よろこびです。ふたりとも、おなかが いっぱいに なると、女の子は おなべに むかって いいました。

「なべさん、なべさん。とめとくれ。」

　すると、おなべは ぴたりと とまって、おかゆは 出なく なりました。

　こんな ふうに して、女の子と おかあさんは、たべものに こまる ことが なく なりました。

さいとう ひろし「こくご」一下 ともだち　光村図書

① うちに かえると、女の子は おなべに むかって なんと いいましたか。
「なべさん、なべさん。にておくれ。」

② すると、どうなりましたか。
いきなり おなべが ぐらぐら にえだし、中から、うんじゃら うんじゃら、おかゆが 出て きました。

③ おかあさんは どんな ようすですか。
大よろこびです。

④ 女の子が なんと いうと おかゆは 出なく なりましたか。
「なべさん、なべさん。とめとくれ。」

⑤ 女の子と おかあさんは どうなりましたか。
たべものに こまる ことが なくなりました。

ものがたり文 おかゆの おなべ③

なまえ　　がつ　　にち

文《ぶん》を よんで もんだいに こたえましょう。

　けれども、おかあさんは、おなべを とめようと して、はっと しました。いつも、おなべに むかって じゅもんを いうのは、女《おんな》の子《こ》の やくめだったので、おかあさんは、とめる ときの じゅもんを よく しらなかったのです。

　そこで、おかあさんは、

「なべさん、なべさん。やめとくれ。」

と、いって みました。

　もちろん、なべは とまりません。

　つぎに、おかあさんは、

「なべさん、なべさん。おわりだよ。」

と、いって みました。
　□ なべは とまりません。

さいとう ひろし「こくご」一下 ともだち　光村図書

① おかあさんは おなべを とめようと して どうしましたか。
はっと しました。

② それは なぜですか。
とめる ときの じゅもんを よく しらなかったから。

③ どうして しらなかったのですか。
女の子 の やくめだったから。

④ おかあさんは さいしょに なんと いいましたか。
「なべさん、なべさん。やめとくれ。」

⑤ つぎに なんと いいましたか。
「なべさん、なべさん。おわりだよ。」

⑥ □に 入《はい》る ことばは どちらですか。（ ）に ○を つけましょう。
（ ）とうとう　（○）やっぱり

「まえと おなじように」という いみだよ
じゅもんを いって、なべが とまらないのは 二かい目だね

ものがたり文 たぬきの 糸車①

なまえ　　がつ　　にち

文《ぶん》を よんで もんだいに こたえましょう。

むかし、ある 山《やま》おくに、きこりの ふうふが すんで いました。山おくの 一《いっ》けんやなので、まいばんのように たぬきが やって きて、いたずらを しました。そこで、きこりは わなを しかけました。

ある 月《つき》の きれいな ばんの こと、おかみさんは、糸車《いとぐるま》を まわして、糸を つむいで いました。

キーカラカラ キーカラカラ

キークルクル キークルクル

ふと 気《き》が つくと、やぶれしょうじの あなから、二《ふた》つの くりくりした 目玉《めだま》が、こちらを のぞいて いました。

糸車が キークルクルと まわるに つれて、二つの 目玉も、くるりくるりと まわりました。そして、月の あかるい しょうじに、糸車を まわす まねを する たぬきの かげが うつりました。

きし なみ「こくご 二下 ともだち」光村図書

① むかし、ある 山おくに だれが すんで いましたか。

（きこり）の ふうふ

② なぜ、きこりは わなを しかけたのですか。

たぬきが やって きて、いたずらを するから。

③ 糸車の まわる 音《おと》は どんな 音ですか。

（キーカラカラ キーカラカラ キークルクル キークルクル）

④ やぶれしょうじの あなから のぞいて いたのは なんですか。

二つの（目玉）

⑤ しょうじに うつった ものは なにですか。

（糸車）を まわす（まね）を する（たぬき）の かげ。

きこりは 木《き》を きる しごとを する 人《ひと》です。おかみさんは おくさんの ことです。

「なぜ」と きかれて いるので
「〜から。」と わけを こたえて いるね

ものがたり文 たぬきの 糸車②

なまえ　　がつ　　にち

文《ぶん》を よんで もんだいに こたえましょう。

それからと いう もの、たぬきは、まいばん まいばん やって きて、糸車《いとぐるま》を まわす まねを くりかえしました。

「いたずらもんだが、かわいいな。」

ある ばん、こやの うらで、キャーッと いう さけびごえが しました。おかみさんが こわごわ いって みると、いつもの たぬきが、わなに かかって いました。

「かわいそうに。わなに なんか かかるんじゃ ないよ。たぬきじるに されて しまうで。」

おかみさんは、そう いって、たぬきを にがして やりました。

きし なみ「こくご 二下 ともだち」光村図書

① たぬきは、まいばん やって きて、なにを くりかえしましたか。

（糸車を まわす）まね

② おかみさんは、たぬきの ことを どう おもって いましたか。

「（いたずらもんだが、かわいいな。）」

③ おかみさんが いって みると たぬきは どうなって いましたか。

（わな）に（かかっていました）。

④ おかみさんは、たぬきを どうして やりましたか。

（にがして）やりました。

⑤ どんな おかみさんだと おもいますか。一《ひと》つに ○を つけましょう。

（　）こわい おかみさん

（○）やさしい おかみさん

（　）いじわるな おかみさん

おかみさんは わなに かかった たぬきを
にがして あげて いたね

ものがたり文 たぬきの 糸車 ③

なまえ　　がつ　にち

● 文《ぶん》を よんで もんだいに こたえましょう。

とを あけた とき、おかみさんは、あっと おどろきました。
いたの間《ま》に、白《しろ》い 糸《いと》の たばが、山《やま》のように つんで あったのです。そのうえ、ほこりだらけの はずの 糸車《いとぐるま》には、まきかけた 糸まで かかって います。
「はあて、ふしぎな。どう した こっちゃ。」
おかみさんは、そう おもいながら、土間《どま》で ごはんを たきはじめました。すると、
キーカラカラ　キーカラカラ
キークルクル　キークルクル
と、糸車の まわる 音《おと》が、きこえて きました。びっくりして ふりむくと、いたどの かげから、ちゃいろの しっぽが ちらりと 見《み》えました。
そっと のぞくと、いつかの たぬきが、じょうずな 手《て》つきで、糸を つむいで いるのでした。

きし なみ「こくご 一下 ともだち」光村図書

① とを あけた とき、おかみさんは どうして おどろいたのですか。
いたの間に（白い 糸の たば）が 山のように つんで あったから。

② 糸車には、なにが かかって いましたか。
（まきかけた 糸）

③ おかみさんは、どう おもいましたか。
「（はあて、ふしぎだな。どう した こっちゃ。）」

④ いたどの かげから なにが 見えましたか。
（ちゃいろ の しっぽ）

⑤ たぬきは なにを して いましたか。
［じょうず］な［手つき］で［糸］を［つむいで］いました。

「どうして」と きかれて いるので 「〜から。」と わけを こたえて いるね

せつめい文 くちばし ①

なまえ　　がつ　にち

1 文《ぶん》を よんで もんだいに こたえましょう。

さきが
するどく とがった
くちばし です。
これは、なんの
くちばしでしょう。

「こくご 一上 かざぐるま」光村図書

① どんな くちばしでしょう。
さきが［するどく］［とがった］くちばし。

② しつもんを して いる 文を かきましょう。
これは、［なんのくちばし］でしょう。

2 文を よんで もんだいに こたえましょう。

これは、きつつきの くちばしです。
きつつきは、とがった くちばしで、
きに あなを あけます。
そして きの なかに
いる むしを たべます。

「こくご 一上 かざぐるま」光村図書

① なんの くちばしでしょう。
［きつつき］

② とがった くちばしで なにを しますか。
［き］に［あな］を［あけます］。

③ なにを たべますか。
［き］の なかに いる［むし］。

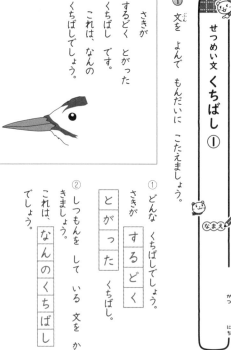

せつめい文 くちばし ②

なまえ　　がつ　にち

① 文《ぶん》を よんで もんだいに こたえましょう。

ほそくて、
ながく のびた
くちばしです。
これは、なんの
くちばしでしょう。

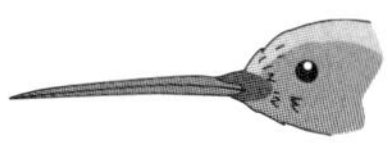

「こくご 一上 かざぐるま」光村図書

① どんな くちばしでしょう。

ほそくて、ながく のびた くちばし。

② しつもんを して いる 文を かきましょう。

これは、なんの くちばしでしょう。

② 文を よんで もんだいに こたえましょう。

これは、はちどりの くちばしです。
はちどりは、ほそながい
くちばしを、はなの なかに
いれます。
そして、はなの みつを すいます。

「こくご 一上 かざぐるま」光村図書

① なんの くちばしでしょう。

はちどり

② ほそながい くちばしを どこに いれますか。

はなの なかに いれます。

③ なにを すいますか。

はなの みつ

せつめい文 いろいろな ふね

なまえ　　がつ　にち

① 文《ぶん》を よんで もんだいに こたえましょう。

きゃくせんは、たくさんの 人《ひと》を
はこぶ ための ふねです。
この ふねの 中《なか》には、きゃくし
つや しょくどうが あります。
人は、きゃくしつで 休《やす》んだり、
しょくどうで しょくじを したり
します。

「あたらしいこくご一下」東京書籍

① きゃくせんは なんの ための ふねですか。

（たくさんの 人）を（はこぶ）ための ふね。

② ふねの 中には、なにが ありますか。

（きゃくしつ）や（しょくどう）。

② 文を よんで もんだいに こたえましょう。

フェリーボートは、たくさんの
人と じどう車《しゃ》を いっしょに は
こぶ ための ふねです。
この ふねの 中には、きゃくし
つや 車《くるま》を とめて おく とこ
ろが あります。
人は、車を ふねに 入《い》れてか
ら、きゃくしつで 休みます。

「あたらしいこくご一下」東京書籍

① フェリーボートは、なんの ための ふねですか。

（たくさんの 人と じどう車）を（いっしょに はこぶ）ための ふね。

② ふねの 中には、なにが ありますか。

（きゃくしつ）や（車を とめて おく ところ）。

せつめい文 どうやってみをまもるのかな ①

なまえ　　がつ　にち

1 文《ぶん》を よんで もんだいに こたえましょう。

これは、やまあらしです。
やまあらしの せなかには、
ながくて かたい とげが あります。
どのように して
みを まもるのでしょう。

『あたらしい こくご上』東京書籍

① これは なんと いう どうぶつで しょう。
（やまあらし）

② やまあらしの せなかには なにが あるでしょう。
ながくて（かたい とげ）。

③ しつもんを して いる 文に せんを ひきましょう。

2 文を よんで もんだいに こたえましょう。

やまあらしは、
とげを たてて、みを まもります。
てきが きたら、
うしろむきに なって、
とげを たてます。

『あたらしい こくご上』東京書籍

① やまあらしは どのように して みを まもるのでしょう。
（とげを たてて）、
みを まもります。

② てきが きたら やまあらしは、どう なって とげを たてるでしょう。
（うしろむきに なって）、
とげを たてます。

せつめい文 どうやってみをまもるのかな ②

なまえ　　がつ　にち

1 文《ぶん》を よんで もんだいに こたえましょう。

文の さいごの 「。」まで
せんを ひこう

これは、あるまじろです。
あるまじろの からだの そとがわは、
かたい こうらに なって います。
どのように して
みを まもるのでしょう。

『あたらしい こくご上』東京書籍

① これは なんと いう どうぶつで しょう。
（あるまじろ）

② あるまじろの からだの そとがわは どうなって いるのでしょう。
（かたい こうら）に なって います。

③ しつもんを して いる 文に せんを ひきましょう。

2 文を よんで もんだいに こたえましょう。

あるまじろは、
からだを まるめて、
みを まもります。
てきが きたら、
こうらだけを みせて、
じっとして います。

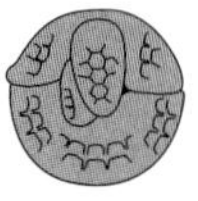

『あたらしい こくご上』東京書籍

① あるまじろは どのように して みを まもるのでしょう。
（からだ を まるめて）、
みを まもります。

② てきが きたら、あるまじろは どのようにして じっとして いるでしょう。
（こうらだけ を みせて）、
じっとして います。

せつめい文 じどう車くらべ ①

なまえ　　がつ　にち

● 文《ぶん》を よんで こたえましょう。

バスや じょうよう車《しゃ》は、
人《ひと》を のせて はこぶ
しごとを して います。
その ために、
ざせきの ところが、
ひろく つくって あります。
そとの けしきが
よく 見《み》えるように、
大《おお》きな まどが
たくさん あります。

「こくご 一下 ともだち」光村図書

① なにと なにの 車《くるま》に ついて かいて ありますか。
（バス）と（じょうよう車）。

② ①は、どんな しごとを して いますか。
（人を のせて はこぶ しごと。）

③ ざせきの ところは どうなって いますか。
（ひろく つくって あります。）

④ どんな まどが ありますか。
（大きな　　まど）

⑤ ④は、なんの ため ですか。
[そと]の [けしき]が よく [見えるように] するため。

せつめい文 じどう車くらべ ②

なまえ　　がつ　にち

❶ 文《ぶん》を よんで もんだいに こたえましょう。

トラックは、
にもつを はこぶ
しごとを して います。
その ために、
うんてんせきの ほかは、
ひろい にだいに
なって います。
おもい にもつを のせる
トラックには、タイヤが
たくさん ついて います。

「こくご 一下 ともだち」光村図書

① トラックは、どんな しごとを しますか。
（にもつを はこぶ しごと。）

② うんてんせきの ほかは どう なって いますか。
（ひろい にだい）に なって います。

❷ 文を よんで もんだいに こたえましょう。

クレーン車《しゃ》は、おもい ものを
つり上《あ》げる しごとを
して います。
その ために、
じょうぶな うでが、
のびたり うごいたり
するように、つくって あります。
車たいが かたむかないように、
しっかりした あしが、
ついて います。

「こくご 一下 ともだち」光村図書

① クレーン車は、どんな しごとを しますか。
（おもい ものを つり上げる　しごと。）

② じょうぶな うでは、どのように つくって ありますか。
（のび）たり（うごい）たり するように つくって あります。

③ 車たいが かたむかないように、どんな あしが、ついて いますか。
（しっかりした　あし）

せつめい文 どうぶつの 赤ちゃん ①

なまえ　　　　がつ　　にち

文《ぶん》を よんで もんだいに こたえましょう。

ライオンの 赤《あか》ちゃんは、生《う》まれた ときは、子《こ》ねこぐらいの 大《おお》きさです。目《め》や 耳《みみ》は、とじた ままです。ライオンは、どうぶつの 王《おう》さまと いわれます。□、赤ちゃんは、よわよわしくて、おかあさんに あまり にて いません。

ライオンの 赤ちゃんは、じぶんでは あるく ことが できません。よそへ いくときは、おかあさんに、口《くち》に くわえて はこんで もらうのです。

ライオンの 赤ちゃんは、生まれて 二《に》か月《げつ》ぐらいは、おちちだけ のんで いますが、やがて、おかあさんの とった えものを たべはじめます。

ますい みつこ「こくご 一下 ともだち」光村図書

① ライオンの 赤ちゃんは 生まれた ときは、どれぐらいの 大きさですか。

（子ねこ　ぐらい）

② ライオンは どうぶつの なんと いわれますか。

どうぶつの（王さま）

③ □の 中《なか》に 入《はい》る ことばを ⬚の 中から えらんで かきましょう。

だから　けれども　そして

けれども

まえに かいて ある ことと ちがう ことを いう ときに つかうよ

④ おちちだけを、のんで いるのは、なんか月ぐらいですか。

（二か月　ぐらい）

もうひとふんばりだよ！

せつめい文 どうぶつの 赤ちゃん ②

なまえ　　　　がつ　　にち

文《ぶん》を よんで もんだいに こたえましょう。

しまうまの 赤《あか》ちゃんは、生《う》まれた ときに、もう やぎぐらいの 大《おお》きさが あります。目《め》は あいて いて、耳《みみ》も ぴんと 立《た》って います。しまの もようも ついて いて、おかあさんに そっくりです。

しまうまの 赤ちゃんは、生まれて 三十《さんじっ》ぷんも たたない うちに、じぶんで 立ち上《あ》がります。そして、つぎの 日《ひ》には、はしるように なります。□、つよい どうぶつに おそわれても、おかあさんや なかまと いっしょに にげる ことが できるのです。

しまうまの 赤ちゃんが、おかあさんの おちちだけ のんで いるのは、たった 七日《なのか》ぐらいの あいだです。

ますい みつこ「こくご 一下 ともだち」光村図書

① しまうまの 赤ちゃんは 生まれた ときは、どれぐらいの 大きさですか。

（やぎ　ぐらい）

② 生まれて どれくらいで、立ち上がりますか。

（三十ぷん）も たたないうち。

③ □の 中《なか》に 入《はい》る ことばを、⬚の 中から えらんで かきましょう。

だけど　しかし　だから

だから

まえに かいて ある ことで おきた ことを いう ときに つかうよ

④ おちちだけを のんで いるのは、なん日《にち》ぐらいの あいだですか。

（七日　ぐらい）の あいだ

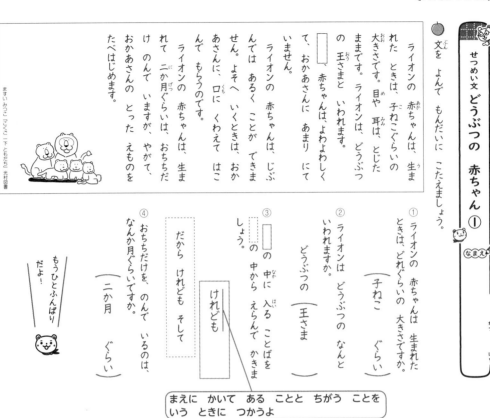

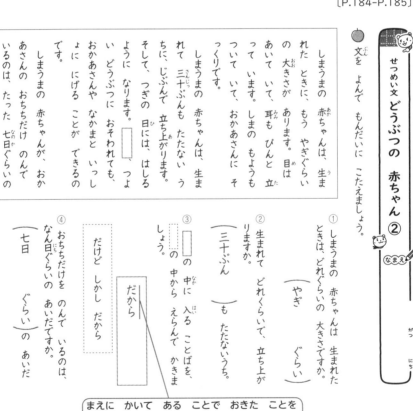

せつめい文 どうぶつの 赤ちゃん ③

なまえ

がつ　にち

文《ぶん》を よんで もんだいに こたえましょう。

　カンガルーの 赤《あか》ちゃんは、生《う》まれた ときは、たいへん 小《ち》さくて、一円玉《いちえんだま》ぐらいの おもさです。目《め》も 耳《みみ》も、どこに あるのか、まだ よく わかりません。はっきり わかるのは、口《くち》と まえあしだけです。

　それでも、この 赤ちゃんは、小さな まえあしで、おかあさんの おなかに はい上《あ》がって いきます。そして、じぶんの ちからで、おなかの ふくろに 入《はい》ります。カンガルーの 赤ちゃんは、小さくても、おかあさんの おなかの ふくろに まもられて あんぜんなのです。

　カンガルーの 赤ちゃんは、ふくろの 中《なか》で、おかあさんの おちちを のんで 大《おお》きく なります。そうして、六《ろっ》か月《げつ》ほど たつと、ふくろの そとに 出《で》て、じぶんで 草《くさ》も たべるように なります。

ますい みつこ「こくご」一下 ともだち 光村図書

① カンガルーの 赤ちゃんは 生まれた ときは、どれぐらいの おもさですか。

（一円玉　ぐらい）

② 赤ちゃんは、じぶんの ちからで おかあさんの どこに 入りますか。

（おなか　の　ふくろ）

③ どれほど たつと、ふくろの そとに 出ますか。

（六か月　ほど）

④ ふくろの そとに 出て、なにを たべるように なりますか。

（草）

ナイス ファイト だったね！